领导力的36个关键

成为领导者,而非管理者

[美]戴安娜·布赫(Dianna Booher)/ 著 美同 / 译

Communicate Like a Leader

Connecting Strategically to Coach, Inspire, and Get Things Done

图书在版编目（CIP）数据

领导力的36个关键 / (美)戴安娜·布赫著；美同译. — 北京：北京联合出版公司, 2018.4（2018.5重印）
ISBN 978-7-5596-0142-1

Ⅰ.①领… Ⅱ.①戴… ②美… Ⅲ.①领导学 Ⅳ.①C933

中国版本图书馆CIP数据核字（2018）第039832号

著作权合同登记号 图字：01-2018-1099

Copyright©2017 by Dianna Booher
Copyright licensed by Berrett-Koehler Publishers
arranged with Nurnberg Associates International Limited

领导力的36个关键

作　　者：（美）戴安娜·布赫
译　　者：美同
总 发 行：北京时代华语国际传媒股份有限公司
责任编辑：昝亚会　夏应鹏
封面设计：红杉林文化
版式设计：姜　楠

北京联合出版公司出版
（北京市西城区德外大街83号楼9层　100088）
三河市宏图印务有限公司　　新华书店经销
字数150千字　　880毫米×1230毫米　1/32　6.5印张
2018年4月第1版　　2018年5月第3次印刷
ISBN：978-7-5596-0142-1
定价：49.00元

未经许可，不得以任何方式复制或抄袭本书部分或全部内容
版权所有，侵权必究
本书若有质量问题，请与本社图书销售中心联系调换。电话：010-83670231

推荐语

"如果你是一个凡事都要控制的领导者,你就要知道,这么做不仅无效,而且也是最费力的领导方式。读了《领导力的36个关键》,你就会学到能够改善你与下属关系,同时使管理事半功倍的战略沟通技能。黛安娜是21世纪的沟通大师!"

——肯·布兰查德(Ken Blanchard),《新版一分钟经理人》(*The New One Minute Manager*)和《一分钟指导》(*One Minute Mentoring*)合著者

"正如黛安娜·布赫在这本充满智慧、非常有用的书中指出的那样,伟大的领导者也是伟大的沟通者。

如果你想成为一流的战略沟通者,你就能从书中获益良多。"

——马歇尔·戈德史密斯(Marshall Goldsmith),
高管教练,商业教育家,《纽约时报》畅销书作者,
"全球最有影响力的50大管理思想家"(Thinkers50)
最佳领导力思想家得主

"黛安娜·布赫精彩绝伦的新书《领导力的36个关键》是我读过的最好的沟通指南。其中有36个清晰、简洁、切题和实用的关于如何与他人建立联系的战略建议。没有拖拉,没有废话,全是宝贝……立即购买,到手就读,然后把黛安娜·布赫的专家意见付诸实践。你会为你所做的一切而感到欣慰。"

——吉姆·库泽斯(Jim Kouzes),
畅销书《领导力》(*The Leadership Challenge*)合著者,
《华尔街日报》美国12大高管教育者之一

"书里都是哈佛商学院该讲却没有讲的真实职场中的领导力沟通技能。"

——约翰·艾迪生(John Addison),畅销书作家,
《成功》(Success)杂志领导力编辑,
艾迪生领导力集团首席执行官

"这本书不仅是一本关于沟通的论文,更是一本讲述如何成为一名更优秀的领导者的极为实用的、可操作性极强的指南……布赫提供了适用于各种情形的极有价值的沟通策略。所有的读者都能从中获得一些有用的做法。"

——杰克·曾格(Jack Zenger),
曾格·福尔克曼公司(Zenger Folkman)首席执行官,
畅销书《卓越领导者》(The Extraordinary Leader)和
《速度》(Speed)合著者

"黛安娜·布赫又一次做到了。对所有正在寻求清晰、实用和可操作建议的人来说,这是一本必读书。"

——凯瑟琳·布莱兹(Catherine Blades),
美国家庭人寿保险公司(Aflac Inc.)企业沟通高级副总裁

"伟大的领导者都有一个共同点——他们都是伟大的沟通者。他们已经发现如何才能把自身的敏锐意识转化成为打动人心、催人奋进的想法。他们明白,如果他们传达出的信息没能深入人心,结果就很可能不会促成改变。在她的新作《领导力的36个关键》一书中,黛安娜·布赫吸收了自己的大量著作中的精华,最后写就了这本帮助领导者追求卓越的鼓舞人心的指南。对于苦苦寻求职业生涯发展的人来说,这是一本必读书。"

——比尔·扬西(Bill Yancey),
希尔托普证券公司(Hilltop Securities)运营董事总经理

"沟通和领导力是所有成功的关键因素。黛安娜·布赫是这两方面的专家,还是47本图书的作者!从她的智慧中学习吧。买这本书,读这本书,向最优秀的人学习——我就是这么做的!"

——彼得·莱格(Peter Legge),
全加媒体出版集团(Canada Wide Media)
总裁兼首席执行官

引言
领导者的沟通难题

少了战略的执行是盲动,少了执行的战略是枉然。

——张忠谋(Morris Chang),中美企业家,台积电创始人

周一大清早,你冷不防在收件箱中瞥见一件你不想看到的东西——一位优秀员工的辞职信。信里没说理由,也没有提到新的职位。于是,你叫蕾切尔进屋解释。

"我就是受不了了!"她的眼泪掉下来了。

"受不了什么了?"我问。她的办公室离我不算近,我确实不知道这位市场营销专员为什么干得这么不开心。

"我不想给他干了。"好在我还是知道她说的是她的主管。"每天早上上班前,我的肚子都非常难受。真的特别严重,我丈夫已经劝我辞职好几个月了。7月最过分,沃利一整个月都没跟我说话。他每天早上都会从我桌子旁边经过,去吃午饭时也会从我桌子旁边经过,但就是一句话也不说。"

"听你这么说,我很难过。"

"他总是因为他觉得我没有做好的一些事情而生气。我

从来也不知道究竟是什么事情。他只是完全不理会我。"

"你怎么知道他对你很生气？"

"因为他说话的时候总是盘问我。他不信任我。每次我离开办公桌 15 分钟，回来的时候就听他问：'你去哪儿了？''为什么这么长时间？'挂断电话以后，他又问：'是谁打电话？''你跟他说了什么？'我从来没有给过他任何理由让他不相信我。他的视线总是越过我，反复检查所有的事情。而且，我已经学会按照他打电话的方式处理客户来电！"说完，她又哭了起来。

"对不起，我不知道有这种事。"

蕾切尔向来学习能力很强，一点就通。因此，她也开始承担越来越重要的工作。

"有时候，他会跟我谈起他的家人，还有我的家人、电影，好像我们是好朋友一样。可是到了第二天，他对待我的方式就又会让我觉得他不信任我了。"

"这种情形有多久了？"

"一年。"

不经意间的关系恶化

"人们不是离开某家组织，而是离开某个上司。"这句话在职场里成为老生常谈是很有道理的。无论出于什么原因，情绪不稳定都有可能影响工作，降低工作效率，好比设备发生故障。通常，留不住人的上司并不是有意要让关系恶化，这只是"机缘巧合"。一名上司从主管晋升为经理，或者从经理晋升为高管，而与此同时，他的领导能力和沟通能力却没有获得足够的提升。结果，这名上司就形成了管头管脚、控制型的管理模式。

如果那个人恰好是你，这本书就能帮助你从中解脱。书中的战略沟通技能、态度和心法能够决定一个人

- 是成功的高级管理者还是失败的高级管理者，
- 是打破阻力、超额完成销售任务的销售明星还是普通销售人员，
- 是公认的"高潜质"年轻人还是表现平平的年轻人，
- 是叱咤风云的企业家还是心力交瘁的企业家。

在所有的情形当中，最明显的区别在于一个人是否能够将愿景、举措、任务、想法和战略传达给不同情境下的各个层面的听众。

什么是战略沟通

战略沟通居于领导力的核心位置。作为领导者，当你在讲话、谈判、写作或交际的时候，你既可能让下属感到清晰、兴奋和舒适，也可能让下属感到混乱、泄气和愤怒。反过来，

下属既可能奉献110%的忠诚、支持和技能来帮你完成使命，也可能心不在焉，分散你的注意力，让你在跟他们打交道的过程中耗尽心力。

我们通常认为，战略事关目标计划的关键部分，或能为我们带来长期回报。在这本书里，我会在这一意义的基础上使用"战略"一词。我们将把那些具有关键意义和长期回报的消息、会议、谈话、讨论和演示与"常规"沟通区分开来。

回到蕾切尔的故事。幸运的是，我的公司帮助蕾切尔调换了职位，同时约谈了她的主管，纠正了这个问题，而她最终也留了下来。但是，在职场当中，类似的事情每天都在发生。这些情形会让所有卷入其中的人陷入危机，这是因为：

·接受控制型管理的员工处在巨大的压力之下，结果常常导致员工流失，不是员工本人选择辞职，就是上司选择终止雇佣关系。

·采用控制型管理方式的管理者工作量越来越大，工作效率越来越低，因为他们不仅要完成自己的工作，同时还要承担下属的工作。

·由于因专业技能而获得晋升的员工并没有掌握新的领导角色所要求的战略沟通技巧，组织流失了一批最优秀的员工，使工作产出和盈利能力下降。

我们会在后面的章节里讨论控制型管理的形成原因，以及如何杜绝这一管理方式。但是在这里，我要强调的是，掌握了职位所需的所有沟通技能的职场人士正变得越来越少。

最近，《华尔街日报》对近900名高级管理者做了调查。结果显示，92%的受访者认为，"软"技能与技术技能同等重要或者前者比后者更重要。然而，89%的受访者也表示，他们很难，或者比较难以找到具备这些技能的劳动者。而且，他认为这个问题普遍存在于所有年龄段和不同工作经验水平的职场人士中。

注重转换

如同电影《铁窗喋血》（*Cool Hand Luke*）主人公"厚脸皮卢克"所说的那样，"我们现在只剩下沟通失败"。换句话说就是：我们没能针对组织内不同层级的听众作出转换。

例如，假设你的女儿乔丹在学区的九年级科学竞赛中获得了第一名，你为她感到骄傲。你把这一喜讯告诉了孩子的祖父母，而他们听了也非常高兴。假设过了不久，你参加了一个家庭聚会，大姑子、小姨子各种亲戚来了100多人。这时你再跟他们提起这件事的话，你可能就会发现，这些亲戚对竞赛消息并不感兴趣。毕竟，这些亲戚也有孩子参加了这次科学竞赛。

我们再来假设一番，几天后你参加了一个行业会议，并在会上提起了乔丹所参加的科学竞赛，那么听众会表现出多大的兴趣呢？如果你把这件事告诉航班上邻座的乘客，对方又会表现出多大的兴趣呢？除非你讲的是与行业协会或与邻座乘客所在公司相关的事情，否则，他们对这件事的兴趣一定会比孩子的祖父母小很多。

听众与孩子的关联越弱，他们就越不会对孩子的事情感兴趣，你也就越需要开动脑筋才能找到关于这次科学竞赛的有价值的信息。换句话说，你把某一情形中的经验移植给更大范围的具有更广泛兴趣的不同听众的能力就是你的战略洞察力和战略沟通力。

在非正式场合，我们凭借直觉就能理解这种翻译和转换的必要。但是到了工作当中，很多领导者却忘记了这一点。在做演示培训的时候，数不清的管理者都告诉我说，他们在把同一个演示讲给不同层次和类型的听众听，然后，遭遇失败。

战略沟通与战术沟通

无论你供职于哪个部门，比如营销、销售、运营、财务、研究、技术、法律或人力资源，战术思考者只是在沟通指示，目的是完成工作。他们决定谁在什么时间做什么事情。遗憾的是，长期来看，为了完成工作的战术事项可能并不总是最有价值或者最有利可图的事情。战术思维尽管重要，却也随处可见。

而战略思想者却如同鹤立鸡群般出类拔萃。你的大局观将使你在提高工作效率、分析问题和创新方面展现出无穷的智慧。

但是，除非你能清晰地沟通你的想法，否则战略思维就无法真正发挥作用。而且，你的想法获得的尊重越多，也就是说，你在组织内的知名度越高，你就越需要经常地在组织内部做向上、向下或横向的沟通。

这本书能帮助你进行战略思考和沟通，履行你作为领导者的最重要的职责。36章内容，就是一整套的领导者沟通技能。

- 人力开发
（招聘，解雇，分配任务，指导，辅导）
- 谈话
- 谈判
- 演讲
- 写作
- 会议

为什么要讲领导者的沟通？因为沟通是影响团队完成任务的实质性因素。我并不想让这本书成为全面的、万能手册类的管理或领导力图书。这本书也不关注一般的人际交往技巧。我先前写的另一本书《这样沟通最有效》(Communicate

With Confidence: How to Say It Right the First Time and Every Time）中有超过1200个技巧来帮你在职场、家庭生活等场合提升人际沟通能力。

这本书所特别关注的是你由于领导者的职责而面临的人际关系、现实情境和决策。我在前面说过，战略就是长期来看必不可少或关键的东西。从这个意义上说，你在每一次互动中进行战略沟通的程度将决定你最终能否取得成功。

战术思想者专注于做事，而战略思想者专注于做正确的事。战术沟通者告诉别人如何做事，而战略沟通者引导他人做正确的事。他们

- 描绘愿景，规划路线，身先士卒，引导道路，树立榜样。
- 打通管理链条和部门障碍，确保所有相关者理解大局，以大局为重。
- 进行战略性的交际，联系和吸收适当的人员发表看法，参与事务，然后通过协商实现互利。
- 说话有说服力，写作清晰明确，开会卓有成效。

因此，战略思想者和沟通者通常不是成为大型组织中的高级管理者，就是创立自己的企业。无论你如何选择，战略沟通都将是成功的捷径。

/ 第一章 /
成为领导者，而非管理者

- 1. 角色：成为领导者，而非管理者 / 002
- 2. 问询：清楚表达你正在做什么 / 006
- 3. 理解：提防沟通链断裂 / 010
- 4. 信任交换：促使行动的沟通货币 / 018
- 5. 招聘：如何找到高情商的伙伴 / 021
- 6. 负债：别在小问题上大做文章 / 027
- 7. 分享：独占欲无法赢得人心 / 033
- 8. 行动：管理者看做什么，领导者看为什么 / 037
- 9. 措辞：别让语言成为效率的绊脚石 / 040
- 10. 选择：做一名教练，而不是评论家 / 044
- 11. 激励：领导多担一份责，少表一份功 / 048
- 12. 压力：如何解雇员工 / 051
- 13. 鼓励：成为聚宝盆式管理者 / 057
- 14. 广泛沟通：把权力化为影响力 / 062
- 15. 互助：帮助你的员工就是帮助你自己 / 067

/第二章/

活跃的网络让你免于价值缩水

▲ 16. 品牌：沟通互动造就个人品牌 / 076

▲ 17. 幽默：用笑声扩大影响力 / 081

▲ 18. 速度：高质量沟通者的新目标 / 087

▲ 19. 道歉：强调问题如何解决 / 090

▲ 20. 人际网络：活跃的网络让你免于价值缩水 / 093

/第三章/

永远看重下一次合作

▲ 21. 制胜关键：自称让步的人往往占据有利位置 / 100

▲ 22. 制造机会：关注一致而非分歧 / 104

▲ 23. 谈判：永远看重下一次合作 / 108

/ 第四章 /

精练的语言使人专注

- 24. 说服：双向沟通而非单向灌输 / 114
- 25. 演讲：不做面面俱到的报告 / 120
- 26. 领导力：用故事主导一切 / 124
- 27. 简洁：精炼的语言使人专注 / 132
- 28. 即兴讲话：紧要关头使用引导模式 / 135

/ 第五章 /

使用 TA-TD 模板

- 29. 写作：只强调必不可少的信息 / 140
- 30. 沟通：使用 TA-DA 模板 / 146
- 31. 社交：专注特定的沟通目标 / 151

/ 第六章 /

计算你的沟通成本

▲ 32. 准备：搜集能激励对方的信息 / 160

▲ 33. 解决方案：用问题式议程讨论重点 / 162

▲ 34. 会议：成败靠设计，不靠运气 / 165

▲ 35. 共识：通过面谈产生价值 / 170

▲ 36. 投资回报率：计算你的沟通成本 / 177

▲ 下一步 / 181

▲ 致谢 / 183

▲ 关于作者 / 185

第一章
成为领导者，而非管理者

★ 领导力并非一种魅力人格，也不是油嘴滑舌。它不是"结交朋友和影响他人"，那只不过是奉承。领导力是从更宽广的角度看待问题，是提升绩效到更高的水平，是塑造摆脱了常见缺陷的人格。

——彼得·德鲁克（Peter F. Drucker）

奥裔美国管理顾问，教育家和作家

★ 领导力是策略与性格的强强组合。不过如果要去掉一个的话，去掉策略。

——诺曼·施瓦茨科普夫（Norman Schwarzkopf）

美国陆军将军，海湾战争多国部队总司令

★ 有效的倾听对清晰的沟通不可或缺，而清晰的沟通又对成功的管理不可或缺。

——詹姆斯·卡什·彭尼（James Cash Penney）

企业家

1. 角色：成为领导者，而非管理者

> 影响你的人也是信任你的人。
> ——亨利·德拉蒙德（Henry Drummond），18世纪英国银行家，作家，英国议会议员

我的客户米奇（Mitch）来到我的办公室，带来了一好一坏两个消息。"我先给你听好消息……我和几个合伙人刚刚用白菜价买了一家电信公司——其实是从我过去管理的事业部里独立出去的一家公司。"

"确实是好消息。"我继续问了几个问题，发现他说的这家公司是从一家全国知名的公司里独立出来的，后者对这名客户的事业部进行了裁员。

"当时，裁员可不是什么好事，"米奇继续说，"不过事情走到这一步也还不错，如果我们能把这家电信公司经营好的话。"

"嗯，我觉得这是一个良好的开端。目前来看，一切都还不错。"我说。

第一章

成为领导者,而非管理者

"是的——不过,我得说坏消息了。我把40~45名技术骨干提到管理者的位子上去了。他们自己的工作干得非常好,我说的不是这个,但他们的管理经验确实非常欠缺,以前最多也就做过资深员工——他们懂技术。可是现在,他们不仅得和其他部门的管理者保持沟通,应对客户和供应商,还得跟新团队的管理者打交道。"

我点点头,不想打断他,让他知道这种事情有多么常见。

"他们的沟通在这种水平,"米奇用手在大腿的位置比画了一下,就像是在给一个小孩儿量身高,"但是我需要他们在这个高度想问题,说话。"然后又在发际线的位置重复了那个动作。

我们的沟通咨询公司经常遇到原来的小职员开指示传达会或者写销售方案这一类的抱怨。

"如果我给你几天时间,你能教他们一些东西,让他们成为真正的领导者,而不只是完成自己的本职工作吗?"

说得不错!我最喜欢听别人说管理(维持现状)和领导(开拓进取)之间的区别了。

你可能会雇用一位财务顾问来帮你在牛市行情中"管理"你的资金。他或许能帮你调整你的投资活动,比如,把你在两家不同机构的账户合并到一个银行账户下,或者为孩子的教育或者你自己的退休做计划,又或者把你的共同基金合并为少数几个类别。但是一年过后,如果那个人没有让你的投资组合增值,你很可能就会换一位财务顾问。你需要有人来帮你提升现状,而不仅仅是维持。

领导者和管理者之间的区别可能与职位或职级毫无关系。无论作为项目组成员、协会会员或父母,还是作为研究者、顾客或助理,你都可以发挥领导作用。

维持现状者和领导者之间的区别

管理者/维持现状者	领导者
拥有信息、知识或技能,甚至在某一方面拥有很深的造诣。	拥有高超的推理和判断能力。他们知道如何在合适的时间,用合适的方式把信息、知识或技能运用于具体的事情,并得到最好的结果。
常常把简单的东西复杂化。	在大多数情况下努力让复杂的东西简单化。
把事情拆解开来分析。	把事情综合起来判断,并采取行动。
喜欢按自己的方式做事情。倾向于盲信自己的专业知识和控制力。他们的思维模式似乎符合一句老话:"如果没坏,就不要去修。"	喜欢从多种可信的渠道获得信息。他们用开放的心态倾听,用事实检验想法,不急于接受或拒绝他人的观点。
懂得用抽象的说法来避免冒犯、责备或质疑。	懂得具体和细节比抽象强一万倍。

续表

直接、频繁地沟通。这些沟通习惯能保证流程和人员在自己控制之下。	直接、频繁、前后一致、讲究技巧和充满同情地沟通。这些沟通习惯体现出热情、投入和关心。
自制,希望下属也这样做。	理解自己为什么要自制,鼓励下属也这样做。
把事情做对。	做对的事情。
总是问如何做事情。	总是知道为什么要做事情。

在你为战略沟通做计划的时候,无论这种沟通是谈话、指示传达会、报告会、办公会还是电子邮件,你都要记住下面这些原则:正确的时机,明确的结论,因人而异,简洁、注重技巧和表达关心的语言,用决策、行动讲明为什么要这样做,激励,正确的事情。我们将在这本书其余的部分里详细讲述所有这些原则。

管理者的目标:流畅、完美无瑕地运营。

领导者的目标:改善现状,提升绩效,创造更多价值,增加资产。

2. 问询：清楚表达你正在做什么

> 语言像一件半透明的睡衣，既遮蔽，又显现。
> ——卡伦·伊丽莎白·戈登（Karen Elizabeth Gordon）
> 作家

作为一名领导者，你每天都会听到很多问题，有的重大，有的琐碎。"关于那个兼并计划，你听到了什么消息？""你觉得我们的预算会不会被削减？""我们的截止日期能获得延长吗？""我们这周末要加班吗？"

但是，有一个问题，你每次都要答对，那就是："你正在做什么事？"

尤其在面对上司的时候，这个问题一定要答对。就算面对同级别的人，如果答不好，你的声誉也一样会受到损伤。

为什么问题难以回答

在大多数情况下，你和你的团队需要进行细致的沟通来运营你们的项目、部门或事业部。为了做到这一点，你们需要折线图、柱状图、饼状图、幻灯片、宣传页、会议和演示，还有建议书、考评表和业务报告。你们用这些工具完成各类事项，与此相关的数据也对你们非常重要。简称、缩略语、插图和其他方便快捷的工具不仅节约时间，同时还有助于达成共识。

所以，你会有一种倾向用同样的工具和同样的方式来与你职能范围以外的人沟通。

但是，千万不要这样做。

那些术语、细节和沟通工具对局外人是没有意义的。他们很可能会认为，你不知道如何总结和概括，也不理解自己的工作对整个组织的意义。

的确，习惯很难打破。但是，这些习惯可能会妨碍沟通，阻碍你的职业成长。

那么，你该如何回答这个问题

把你的复杂工具丢到一边。不要再去想你在项目上花了多少时间。花掉了时间并不等于创造了价值。你要做的是，把注意力集中在以下几个方面，以此来回答事关全局的问题：

1. 我们正在解决什么问题？
2. 为什么这件事对组织至关重要？

3. 我们想要的结果是什么？

4. 就你所知，这件事可能会对预算和整体的工作进度造成什么影响？（可选——要看提问的人是谁）

如何教育你职能范围以外的人

你不应该这样做，也一定不要这样做。

如果你这样做了，那你就错了。在为客户做销售培训的时候，我经常听到有人这样讲："我们得教育客户，让他们了解我们的产品。"或者，"我们的客户真的不知道该如何充分利用我们的产品和我们提供的服务，所以我们真正要做的是教育他们，让他们知道我们到底在做什么。"

我简直忍不住要大喊："这太侮辱你们的客户了！"这就像是在说："我们需要更聪明的客户。"对于这一点，几乎不会有客户表示认同。

对于内部客户，情形也一样。他们不想"被教育"去了解你们正在做什么。他们希望有人来教育你们，让你们去了解他们正在做什么，然后把你们正在做的事情翻译给他们听。换句话说，你们得使用他们的语言。

战略思考者和领导者的真正职责是什么

　　成为一名翻译。你要这样表达:"所以,对你(对组织、对我们的客户、对我们的合作伙伴、对我们的供应商)来说,这就是说……"

　　筛选和分析你的职能角色所需的各种测评、数据和细节,然后形成大局观:你的工作是如何有益于他们(他们的预算、他们的截止日期、他们的成本、他们的存款、他们的盈利、他们的工作进程)的?你的工作是如何让他们的工作变得更轻松的?但是,永远也不要传达未经处理的粗糙信息。

　　你要做的是,对"你正在做什么事情?"这一问题给出清楚的回答。如果你的回答是从战略层面出发的(切题的、有针对性的和及时的),你的话就能让听者感兴趣。

　　这就是清楚的传达,而确保这一点是领导者所应承担的重要责任。

3. 理解：提防沟通链断裂

"信息"和"沟通"两个词常常互换使用，但是它们的意思相当不同。信息仅仅意味着发布，而沟通是让对方理解。

——悉尼·哈里斯（Sydney J. Harris）
幽默作家

仅仅能够回答"你正在做什么事"这个问题是不够的。你确信你的团队成员知道他们要达成什么样的结果吗？

在许多次调查当中，经理们都表示，他们的团队成员了解组织的目标和计划。但是团队成员们自己却说，他们不了解。在近期的一份调查当中，美国盖洛普公司调查了全球550家组织的220万名员工，其中只有50%的员工"强烈同意"他们知道自己的工作要达到什么标准。显然，这里存在着一个巨大的差距。

想象这样一个场景。由于交通费的问题，一名十几岁的中学生和他的朋友们没办法去参加他们的毕业舞会，这名学生的父亲对一脸失望的孩子说:"别担心,孩子。我会想办法解决你们坐车的问题的。"听到这句话,孩子的母亲想到的是,孩子的父亲会开家里的车去送孩子。可孩子心里想的却是:"太棒了,爸爸要租一辆豪华小轿车。"在周末的毕业舞会前夕,孩子的父亲调整了工作安排,以便回家开家里的车去送孩子和他的朋友们去毕业舞会。接下来,有一个人必定要失望了。

同样的事也发生在工作当中,期望和结果往往并不一致。例如,副总裁期望社会营销活动能在两个星期的新品推广期里为新产品带来500人次的咨询量。社会媒体团队的真实努力结果却是,公司的网站访问量提升了60%,但是新产品得到的咨询量却只有52人次。

领导力体现在以下几个方面:首先,要能够清晰地沟通愿景和目标;其次,鼓励团队成员按照战略规划密切协作;最后,鼓励下属实现特定的结果。然而,就像盖洛普调查结果显示的那样,在清晰地沟通工作目标的阶段,很多领导者都遭遇了挫折。而且,组织层级越多,沟通链条越长,信息就越可能"迷失在翻译当中"。

下面的这些态度和做法是非常危险的,你要考虑相应的防范措施。

相互矛盾与协调一致

低效的领导者害怕他人发现自身的不一致之处，于是他们尽可能地把自己关在办公室里面。

高效的领导者怎么说就代表他们怎么想，怎么想就表示他们会怎么说。他们从不担心自己言行不一致，不担心他们在全体大会上发的言和他们在高管会议上说的话不一致。他们不需要记住跟张三说了什么，以便在就同一件事情跟李四说的时候保持一致。他们的做法本身就是协调一致的。

推诿责任与敢做敢当

领导者期望自己的团队成员能够从始至终为某一个问题、任务或项目承担责任。这就是为什么当领导者不愿明白无误地承认"我犯了一个错误""我误判了形势，我本该考虑那个因素"和"我没有做出适当的反应"的时候，领导者自身的可信度和团队士气都会遭受重创。担不起责任会树立起一种达不成目标的思维模式。

高效的领导者会一肩挑起所有的责任。他们认为，这是所有的领导者都应该做到的事情。

一刀切与个性化

在组织语言（电子邮件、演讲发言、指示传达、宣布事项、网络广播）的过程中，事倍功半的沟通者往往会本着一种一刀切式的心态——面向"所有团队成员""所有职员"或"全公司"。也就是说，事倍功半的领导者们考虑的是他们所需沟通内容的普适性。这样一来，他们的表达就会流于泛泛，模糊不清。

在沟通的过程当中，高效的领导者会把他们的团队成员看作一个一个具体的人，而不是把他们笼统地看作一群人。为什么珍妮特、巴里、哈龙和爱德华多会关心这件事？我怎样才能让我说的话适用于每个人的独特情形？如果你想鼓励团队成员设法在下一个季度里削减成本，你就可以举巴里更容易认同的在纸张供应方面节省了 8000 美元的案例，同时还可以举所管理部门大得多的珍妮特更容易认同的用兼职人员代替全职人员从而节约了 10 万美元的案例。使用这两个非常具体的案例能够让全体团队成员知晓，你对每个人对团队的贡献都了如指掌。

强有力的领导者提供具体的信息，而不是在空洞的抽象问题上喋喋不休。他们的谈话、指示和电子邮件无不重点突出，符合实际，切中要害。

这类个性化的沟通方式能激发个体投入和专注工作，正如针对个人的请柬总能得到回复，而用社交账号群发给80个人的邮件就有可能得不到回复一样。

自吹自擂与突出他人

在开展新项目的时候，事倍功半的领导者总是喜欢讲述自己过去的光辉业绩。当然，人总是从过去当中吸取经验，你也希望过去的经验能够在今天发挥作用。但是，如果你只顾吹嘘自己的光辉历史，而不是面向未来，结果就只会降低你在下属当中的威信。

事半功倍的沟通者更喜欢讲述他人的成功经历，以此来彰显他们的工作业绩。想一想，从战略的层面讲，把他人作为故事的主角会对团队的士气产生怎样的影响。你已经见到，很多公司在他们的电视广告里使用了这种方法。这些片子会让他们的明星员工现身说法，讲述他们为什么要在某某公司做一名工程师、科学家或者物理学家。这些被重点突出的员工成为了这些大公司的"门面"。

作为领导者，你也可以使用同样的方式来鼓舞团队的士气。在庆功的时候，你要讲述他们的个人故事和贡献，而不是只讲你自己的或者你们作为一个集体的故事。

不要逼我与开放的身体语言

为人父母，你可曾这样警告争吵中的孩子们："不要逼我来你们的房间给你们解决这种事！"或许，你可能还记得父母给过你的严厉警告："不要逼我停下车来跟你把事情搞清楚！"或者，"不要逼我罚你饿肚皮！"所有这些话语都伴随着阴沉的黑脸、严厉的语气和警告的手势。

在沟通新的困难任务的时候，事倍功半的领导者常常体验到类似的痛苦——负面的言辞、紧张的姿势、疲累的表达、愤怒的语气、瞪大的双眼、紧皱的眉头、犹豫的耸肩、耷拉的肩膀和挫败的目光。所有这些负面的身体语言都会妨碍你与下属进行清晰而明确的沟通。你要把这些负面的身体语言看作传达任何重要信息的障碍，无论是对内传达还是对外传达。

相反，在这一关键时刻，高效的沟通者知道，身体语言远比说过的话更有影响力。他们的面部表情和身体姿势是积极的、开放的、充满活力的、温暖的和坚定的，而不是悲观失望的。他们的身体语言表现出对愿景的兴奋和对团队达成预期目标的信任。他们笑起来是真诚的。他们喜欢把办公桌上的格子拆掉，从而能够与他人并排坐在一起。如果面对很多人讲话，他们会走到他们身边，而不是躲到讲台后面。他们伸展自己的双手和双臂向众人致意，同时欢迎所有人提问，而不是缩在后面，一动不动地站着，像是要成为飞镖的靶子。

你"看上去的样子"非常重要。你应该时不时地照照镜子，特别是在面对挑战的艰难日子里。

无效的证实与有效的证实

伟大的领导者懂得，从始至终确保团队成员明确知晓公司对内部或外部客户而言的年度、季度目标，或者说项目结果，以及绩效考核方式在战略上有多么重要。

那么，在与下属或同级别的其他领导者证实上述事项的时候，最没有效果的方式是什么？——是这样问："你明白吗？"自信的团队成员总是说明白，因为他们想让你高兴。

但是，最高效的领导者会亲自去证实各个战略性的步骤。他们通过询问深思熟虑的问题和仔细聆听回答来检验对方对目标的理解。根据项目的不同，你可以询问下面这些问题当中的某一个或某几个问题：

·你觉得那些受到直接影响的人可能会对我们的这个想法做出什么样的抵制？

·下个季度，你展开这项计划的关键步骤是什么？

·完成这样一个项目的切实可行的日期是什么时候？

·你觉得我们需要联系哪些供应商？

第一章
成为领导者，而非管理者

- 在项目的进行过程中，你觉得有什么事情会给我们造成延误？
- 我设定的预算就是这么多，你觉得这些钱够吗？
- 在现在这个时候，你觉得有哪些需要注意的问题？

根据下属对问题的回答，你能亲自证实他们对你的目标和他们所应实现的结果的理解程度。这时，你仍然有时间来修正航向，作出补救。

如果你不注重事关全局的目标和期望之间的一致性，只是听天由命，那么你的航船很可能来不及开出港口就已经沉入大海。

4. 信任交换：促使行动的沟通货币

> 如果下属理解我，我就能吸引他们注意。
> 如果下属信任我，我就能促使他们行动。
> ——卡韦特·罗伯特（Cavett Robert）
> 励志演说家

如果你跟说谎的人打过交道，你就知道，这么做很可能会在一瞬间破坏关系，打击士气，并且污染一个组织的文化。说到这儿，我一下子就想起了这样一件事情。

德温（为了保护当事人，我隐去了他的名字）早先报告说，公司的房顶在一场暴风雨中受损了。作为营运经理，他必须把房顶修好。但是，由于当时有其他事情，而且渗漏也没有造成太大的问题，他既没有向保险公司申请索赔，也没有请维修公司来检查房屋。这样一拖就是好几个月。

当暴风雨再次来临的时候，首席执行官向德温问起上一次维修的情况。德温毫无防备，只好用他惯常的风格——撒谎，作出回应："嗯，那个。是的，肯定。工程队已经去修了，大部分都修好了。工程安排在假期，大部分人都不上班，

第一章

成为领导者，而非管理者

所以造成的打扰最少。他们几天就修好了。"

"很好。"

"他们只需要再花一天时间更换部分水槽，这样就全部完工了。我尽可能下周或者下下周再安排他们过去，把最后那部分水槽装上。"

"非常好。"老板得知房顶已经不是问题了，就满意地离开了。

那天的晚些时候，老板从其他渠道得知，德温根本就没有安排人维修房顶。当他再次找到德温时，德温承认他把这件事忘掉了。他解释说，他计划当周周末就展开维修。

对德温来说，这么做并没有耽误什么事。天气预报也没说有雨，一切都没有问题。

但是对老板来说，这件事造成了很大的伤害，信任已经葬送了。

高效的沟通者用信任进行交换。信任是他们的货币。如果信任已经形成，并且得到了时间的检验，双方的关系就会稳如泰山。如果你的同事、客户和家人信任你，他们就会听你说话，支持你工作，并且在遭遇困难的时候忠诚于你。

如果没有了信任，关系就会破产。沟通者一旦失去了他人的信任，他们所说的话就会像是倒台政府的货币或者破产公司的股票，一文不值。

那么，你该如何在你的组织和人际关系里建设一种信任的文化呢？

在你的组织和人际关系里建设信任的文化

· 说实话。杜绝任何形式的欺骗。

· 说明你采取行动和作出决定的原因,坦诚相待。

· 言行一致。确保你在公开场合的言行和私下里的相一致。

· 展现出能力。不管我们多么喜欢某个人,我们还是信任那些一贯表现突出的人,无论是开发程序、设计业务流程,还是驾驶叉车。

· 保持谦卑。不要拒人千里之外,孤傲冷漠。和蔼可亲,不要做那种只要一说话就要下结论的自以为无所不知的人。

· 展现出自信。如果你都不信任你自己,别人又如何信任你?

· 要乐观。在大多数情况下,人们更愿意相信那些积极向上的人,而不是消极负面的人。人们想要看到未来的希望。

· 信任他人。如果你信任他人,对方也很可能会投桃报李。

缺少了信任的基础,真正意义的沟通就成了无源之水。

5. 招聘：如何找到高情商的伙伴

> 在填补重要职位空缺的时候，我们只寻找两种素质，一种是判断，一种是品位。其他的都不稀罕。
> ——约翰·加德纳（John W. Gardner）
> 美国林登·约翰逊总统时期的卫生、教育与社会福利部部长

数不清的书籍都在教你如何招聘人才。不过，由于这本书的主题是沟通，所以，我将把这一章的讨论聚焦于关键的面试过程。你的成功，常常取决于你在关键职位上配备的人员的情商处在什么水平。也就是说，你需要依据信息而不是直觉和第一印象来作出决定。

你希望全面了解对方，比如对方的个性特征、自省与自知能力、真实的态度与价值观、情绪稳定性、动机水平和人际交往能力。心理学家认为，与其询问应聘者在假设情境中的反应，不如询问他们在过去的表现，后者所折射出的信息要比前者有价值得多。

不要问："如果客户是这么做的，你会怎么做？"

而要问："跟我说说，过去你遇到难缠的客户的时候，

你是怎么处理的?"

不要问:"如果给非活跃状态的客户打电话,你会有什么感觉?"

而要问:"你能跟我说说过去你在公司数据库里找到三位非活跃客户,并且把他们转变为活跃客户的过程吗?"

就面试而言,你需要精心设置能够真实反映应聘者品质、观念和技能的问题。很多应聘者都会事先模拟常见的问题。所以,你要让他们举两到三个例子,以此来让他们准备好的答案失去作用,从而获得真正的洞见。

你可以通过下面这些问题来了解应聘者的核心特质和能力:

1. 你过去最喜欢的同事、客户、供应商或老板是谁?你觉得是什么东西让你们能够密切配合?

先让应聘者说出具体的人,然后再问后面的问题。一定不要在他们为何能愉快合作的问题上轻易下结论。这既可能是因为他们的个性相似,也可能是因为他们的个性互补。例如,你的应聘者可能是一个大大咧咧的人,而与其密切配合的可能是一个极其细致的人,跟在后面收拾场面!

2. 同事做过的最让你受不了的事情是什么?

聪明的应聘者很可能会对你说,他们跟所有人相处得都很好。这时,你要进一步探寻对方在不得不适应他人时的真实感受。你可以这样问:你能跟我说说以前工作里"你不怎么喜欢"的那些人当中的一个吗？那个人做了哪些似乎让其他同事感到不愉快的事情？为什么那件事没有让你感到不愉快？如果你确实感到不愉快的话，你是怎么应对那些习惯或态度的？借助这一问题，你能了解求职者的适应能力和理解他人的能力，以及他们的价值观。

3. 说说你最欣赏的三个人，可以是名人或是你生活中的人，为什么？

针对这一问题，应聘者的回答能够揭示出很多事情——他们是否熟悉时事、政治或流行文化？他们一个也想不起来，还是想起来很多，却找不出最欣赏的三个？他们的选择都是名人，还是都是熟人？他们的回答可能意味着他们没有良师益友或榜样，这是为什么？如果他们的选择都是熟人，那么就可能意味着他们对公共事务漠不关心，这又是为什么？最后，应聘者对这一问题的回答也能揭示出他们的价值观。

4. 你觉得工作中最浪费时间的事情是什么？背后的原因又是什么？

关于工作中浪费时间的事情，相关的报道和讨论已经很多。比如与同事闲聊、浏览网页、打游戏、网购和打私人电话。从求职者的回答中，你需要留意的是防御心理、不适感或不诚实。或者，求职者有没有从更高的层次分析"浪费现象"和生产率，指出问题的根源？例如，他们有没有提到不合理的工作流程或性能不佳的设备？他们的分析视角能让你隐约看到他们的整体思维水平。

5.你见到有人在工作场合受到不公的对待吗？你是怎么处理的？

对这一问题的回答能揭示出应聘者的伦理和价值观。你也能据此判断他们的共情能力和同情心。再者，他们在这种情形下所采取的行动也折射了他们说服他人和承受风险（如果他们不得不冒险制止）的能力。他们有没有为此押上自己的名誉，甚至饭碗，只为做正确的事情？

6.讲讲你过去一年里过得最艰难的一天，以及你是如何面对的。

对这一问题的回答能部分地揭示出求职者对"困难"一词的理解。但是，你真正从中寻找的是他们应对问题的机制，即他们的情绪稳定性和智慧。仔细聆听"非常难过""非常生气""全完了""气死我了""要疯了"和"担心死了"这类用词所代表的细节。他们最后解决问题了吗？还是由他人来接管？这件事对他们工作的影响有多大，多久？他们对"严重"一词的理解与你的理解相差有多大？他们对困难的反应是合理的还是过度的？

7.你最大的成就是什么？第二、第三呢？它们为什么对你很重要？

同样地，求职者的回答将揭示出他们的性格特征和价值观。他们分享的成就都与工作有关，还是与个人或家庭有关？他们是如何为这三项成就排定次序的？这些成就之所以重要，是因为它在很大程度上揭示了求职者对成功、有意义的工作和他人在他们生活中的重要性的看法。

8.跟我讲讲你一次失败的经历。你从中学到了什么？

如果求职者从来都没有失败过，那么他们不是在撒谎，就是本身极度厌恶风险。他们是责备他人，还是承担失败的责任？他们能从失败中吸取教训吗？他们的态度是谦卑的，还是高傲的？

9.给我解释一个新想法，比如你目前职位的复杂流程、产品或服务，以便我能转告他人。

我还没见过哪个求职者承认自己沟通能力欠佳。在我30多年浏览简历和招聘的历程里，求职者总是号称自己拥有某种形式的"出色的沟通能力""良好的口头与书面沟通技能"，或者"优秀的人际能力"。我们之所以问这个问题，就是为了检验这些技能。求职者作出回答后，我们继续分阶段追问，以便看清对方的表现。

他们有没有先给你清晰的概括，然后填补细节？他们有没有做到有条理地组织自己的想法？他们有没有跳过某些步骤和定义，设想你比实际上知道得更多？针对你的提问，他们的身体语言有没有透露出不耐烦？他们有没有表现出傲慢，用高人一等的口气说话？他们在"解释"过程中的沟通是什么样子，他们将来面对同事或客户的沟通就很可能是什么样子。

当然，你问的问题必须符合职位的要求。不过，以上问题所针对的职位是需要良好的沟通技能和判断力的。如果你要招聘的职位正是如此，这九个问题就能发挥巨大的作用。

6. 负债：别在小问题上大做文章

说服比支配更难，强者也不愿意挨上它，如果能躲开的话。

——查尔斯·霍顿·库利（Charles Horton Cooley）
社会学家，作家

如果领导者的负债（负面表现）超过了他们的资产，他们的团队成员就不想再听他们的命令了——即便行动上不表现出来，心里也是这样想的。尽管他们还得回应领导者的短信、电子邮件和电话，以此来保住自己的饭碗，但是他们已经无法用心对待工作了。

如果你没有遇到过这种吹毛求疵、不可一世的上司，你肯定也听说过他们。下属在午餐中间议论他们，在饮水机旁边抱怨他们，回到家继续和家人大诉其苦。这种挫折感会在人的内心深度积累怨愤，并经常导致离职或跳槽。（来自盖洛普公司的一份对7272名美国成年人的调查显示，半数的人都是因为要摆脱他们的上司而离开了原来的职位。）

作为一名领导者，你一定想避免这些负面表现，以此来防止他人筑成怨愤之墙，阻断你与下属和同级别的其他领导者的沟通。

负债1：紧盯面包圈中间的洞——错误、过失和误解

有的领导者似乎从不关注完整的面包圈，一张嘴就在一些小问题上大做文章。他们在演示会上跟你要无关紧要的备份数据，说你的电子邮件语气有问题，开会时不去关注你的项目的积极进展，却把目光放在你的小失误上——"总算让我逮到了！"

这些控制型的上司可能会

・因为各种各样的理由不信任你
・对你不放心，不把你看紧就担心局面失控
・用各种手段降低你的自尊，抬高他们的自尊，比如严密控制，威胁炒你鱿鱼，经常性地贬损和干涉。

由于他们的吹毛求疵导致工作量增加，所以，他们经常感到恐惧、失控和灰心失望。

所以，如果你有这种管头管脚的上司，那么你首先面临

的两个挑战就是：第一，建立信任；第二，帮助对方感到心安。这两点都极难做到。

如果你觉得自己就是这样的控制型领导者，答案也一样：首先建立信任，然后你就能感到心安。不信任来自你对他人意图的错误假设。

支招：练习直接沟通。问问题，仔细倾听，然后再得出结论不迟。直接说明你期望什么结果，你需要对方做什么。

负债2：对过程吹毛求疵，而非紧盯目标

高效的领导者布置项目，说明目标，提供资源，沟通注意事项，明确阶段性检查和报告的时间点。然后，他们就会让你放手去干，直到项目完成。相反，低效的领导者不知道如何授权。在布置一项工作的时候，他们不把目标清晰地告知团队成员，而是亲自带领他们走过整个过程。结果，不仅领导者花费了大量的时间，整个团队也充满了挫败感。

支招：学会将目标授权给得力的下属，提供资源，明确向你报告的时间点，把其余细节完全托付于对方。（如果你想详细了解有效授权的6个步骤，你可以读我先前写的另一本书《这样沟通最有效》(*Communicate With Confidence*)）。

负债3：扮演全知全能的角色

高效的领导者懂得雇用在关键领域比自己聪明的人。然而，在才华横溢的下属身边，自信心不足的管理者却会有失控的感觉。所以，他们只能不断地提醒他人，他们才是房间里最聪明的人。他们通过很多种方式对外传达这种全知全能的态度。他们没完没了地讲话，拒绝听取新的想法。他们总是把"我跟你说过"挂在嘴上，并且经常陶醉于自己的光辉时刻。

支招：会议一开始，你要逼着自己至少听10分钟，或者至少听完三个人讲话，直到满足两个条件之一，你才可以开始讲话。

负债4：行踪不定的危害

行踪不定的上司今天还在这里，明天就不知道去哪里了。上午10点还在办公室里，下午2点就没了人影，结果两小时后又神奇地出现在了办公室里。第二天呢，11点才来。你问他为什么，他就会给你一个非常完美的解释："我不需要告诉你。我可以在任何地点工作。这周我已经工作了50个小时了。"

可是，这种行踪不定的上司不理解为什么有些人需要知道他们的确切位置。这些原因可以是签署文件，参加现场会议，接待贵宾客户，解答意外问题和快速作出紧急决策。如果上司不在办公室里，那么别人可以给他打电话吗？如果可以的话，在哪些时间段可以打？如果首席执行官或者贵宾客户打来电话，那么上司什么时间能回电话或者回复电子邮件呢？下属该如何回复打来电话的人和前来公司拜访的人呢？这些都是非常正当的问题。

无法联系到行踪不定的上司会让下属感到非常沮丧，更不要说这么做给客户和同事留下的坏印象了。但是，对行踪不定的上司来说，权力和控制才是头等大事。

支招：把他人如何能在紧急情况下联系到你的信息交代给某个人，或者写在某个公开的地方。然后，说清楚什么是"紧急情况"，同时，说明你什么时候能回来。

负债5：突然召集或取消全员会议

这两种行为都意味着，只有管理者的日程安排是重要的，别人的都不重要。这样一来，其他所有人的工作效率都会大幅降低，因为他们得重新安排当天的工作事项，包括与客户的约定。临时召集会议或延长会议时间向等待被关注的局外人释放出了一种强烈的信号："这里的管理者认为他们的客户和同事都不重要。你们自认倒霉吧。"

支招：在召开紧急会议的条件上达成一致，把它作为你的团队在开会方面的基本规则。比如，在即将流失一位大客户的时候，在总部发来重要通知的时候，以及在需要重新安排当日工作流程的时候。除此之外，会议只能在 X 小时后召开。

带领一组形形色色的人并与他们沟通，这本身就不是一件容易的事。那么，为什么还要让这些负债、这些跟人们的实际工作毫不相干的工作习惯来妨碍他们专心工作，进而引发不愉快呢？

在时间和人员管理方面的正确决策很快就会成为一种常态，而这种常态在沟通上的作用是语言所无法比拟的。

7. 分享：独占欲无法赢得人心

沟通的艺术在于使用有领导力的语言。
——詹姆斯·休姆斯（James Humes）
五位美国总统的演讲稿撰写人

很多人从小就在教堂里唱这首歌：

我的小光芒，要不要隐藏？不要！
我要它闪亮。我要它闪亮。
（从头起重复三遍）
闪亮！闪亮！闪亮！
闪亮！闪亮！闪亮！

然而，在上学和工作期间，很多人却决定隐藏自己的光芒，隐藏自己的创造力、见解和热情，同时也隐藏能够帮助他人做好自身工作的信息、决策和思考，转而奉行一种"各负其责"的态度。

我辅导过一位名叫杰克（Jack）的客户，他是一家大型汽车制造商的副总裁。他好像不太明白，为什么上司会建议他找我做沟通辅导，以此作为他职业生涯发展计划的一部分。杰克在辅导中多次跟我说："我管理着公司最大的部门。我们的营收在全公司占比超过15%，我们的利润也比其他任何部门多很多。"

不过，据杰克的上司，也就是总公司的首席执行官所言，杰克在其职能范围内的绩效并不是问题。相反，问题出在其他方面。首席执行官这样概括道："杰克是个独行侠。在我们的管理会议上，他一言不发，一副烦躁、冷漠、高傲的样子。对于其他部门的计划安排和遇到的困难，他从不发表自己的看法。他负责的部门表现不错，可他好像完全不想跟同事分享他的经验。他好像不知道，我们请他来的目的之一是希望他能在思想上展现出领导力，对整个公司贡献他的想法。不知道你能不能让他明白这一点。"

我做到了。在我们谈话的时候，他似乎从来都没有想到过，公司请他来不仅仅是管理某个具体的部门，还希望他跟同事分享自己的经验和技能。当我把这一点明确地告诉他的时候，他的反应就像是被人扇了一巴掌。他沉默良久，最后说："嗯，真是这样吗？他们希望我帮助其他人？把我们部门的经验告诉他们？嗯。"他点点头，似乎头一回听说分享信息和"思想领导力"的概念。

就这样，讨论结束了。

第一章
成为领导者，而非管理者

你很可能听到过这种常见的关于沟通的抱怨："所有人都在闭门造车，没人知道别人在做什么。"人们独占信息有很多种原因，有的出于无知，有的发自恶念。他们可能：

- 认为自己没有或很少有时间来分享信息；
- 不知道该分享哪些信息——不知道什么是重要的，什么是不重要的；
- 不知道别人需要哪些信息，以及为什么需要这些信息；
- 担心分享了信息也没人关注；
- 意图通过独占信息惩罚他人；
- 意图通过独占信息来获得自己比他人聪明的感受；
- 意图通过独占某些信息来获得"局内人"的感受；
- 意图通过独占信息来诱使他人犯错，出丑；
- 意图通过独占信息控制局面。

这些都是可以理解的原因——但都不是有益的原因。

真正的领导者必定会分享有战略意义的信息，因为他们的眼光聚焦在整体的效能、问题和结果上。他们理解，重要的信息并不"属于"他们自身。如同完成重大研究的科学家第一时间把自己的实验结果发表出来，以便其他研究者能够在他们的基础上继续探究一样，企业的领导者也要在组织内部分享他们的思想和经验，以便其他领导者能够提升业绩，取得更大的成功。

领导者分享的信息越有帮助,他们就越容易成为新思想和话题的焦点。而且很多时候,他们的这一名声也会传扬到组织之外。

理解你的战略角色,做一名思想的汇聚者。

8. 行动：管理者看做什么，领导者看为什么

> 管理者关注如何做与何时做；
> 领导者探寻是什么与为什么。
>
> ——沃伦·本尼斯（Warren Bennis）
> 作家，教授，领导力管理顾问

战略思想者使用诱导性的问题来推动讨论和项目的进行。

假如你的企业每年都参加行业贸易展会，这一事项有一天出现在了每周一次的全员会议上，你的团队成员开始讨论如何为你们的展台增加人气。这时，你可以抛出一个足够刺激的问题："今年，我们能通过不参加展会而在行业里引发更加积极的反响吗？我想到三家企业，它们最近在各自的行业就是这么做的。"说出你的例子，然后等待他人思考这个问题。

再举一个例子。有同事建议将一款产品提价20%，而你反对这么做。不过，你并不明确表态，只是用下面这些问

题来引导讨论。"20% 是怎么来的？为什么不是 18%，或者 22%？""如果这么做是为了在整体上提升利润水平，那么为什么要从这一款产品开始？""有没有更适合用来做提价试验的别的产品呢？""如果我们的市场份额下降了，那我们的安全底线在哪里？"

通过询问这样的一系列问题，你就能在既不引发直接对抗，也无须表态的同时，引导一个人或者一组人重新考虑自己的看法或决策。这么做的妙处在哪里？在回答你的问题的同时，他们也会"接受"他们自己的数据和推理。

所以，你一定要组织好自己的问题。

从开放性的问题开始。"你觉得用什么样的方式比较好？""你能把那种情况讲得更具体一些吗？""怎么会这样？""你觉得做那件事情的最佳方式是什么？""你觉得他提出的方案怎么样？"

聆听回答，然后追问。不要只问一个或两个问题，多深挖几层："为什么会那样？""那种情况什么时候会出现？""你觉得这么做要花多少钱？""会有例外的情况出现吗？"

要求他们区分事实和观点。通常，人很难分清事实和观点。你可能不得不问："你指的到底是哪一件事情？""所有的专家都会认同你刚才的判断吗？""对于这一点，其他专家的不同意见是什么？""你是从哪里听说这个消息的？""这个事情是你了解到的，还是你估计出来的？""你

第一章

成为领导者，而非管理者

能把那些数据（或者研究、文章、链接）转发给我吗？"

询问支持和反对意见。"你觉得还有谁会同意你的想法？""谁可能会反对你的想法？你想过这个问题吗？"

保持沉默。现代管理学之父彼得·德鲁克（Peter Drucker）建议我们聆听弦外之音。你可能会听到很多东西，有些东西可能会让你大吃一惊。（在面试求职者的时候，保持沉默可能会特别有用。）

如果你想进一步讨论这些方法，或者想了解更多的方法（一共有45条聆听技巧），以及了解大量的案例，你可以读我先前写的另一本书《这样沟通最有效》。

表态的结果不是赞成就是反对，而且往往是旗帜鲜明的反对，甚至是敌意。相比之下，经过认真措辞的问题却能激发思考，为新的可能性打开空间。

9. 措辞：别让语言成为效率的绊脚石

> 要想得到你想要的东西，你就必须使用特定的沟通方式鼓励对方把东西给你。
>
> ——马歇尔·西尔弗（Marshall Sylver）
> 演说家，表演者

领导者非常想让组织的运营打上自己的烙印，想让自己的风格影响组织的思维，并且想让自己的功绩留驻人心，刻印在组织的发展历程里。他们希望自己的贡献是独一无二的、令人愉快的，并且为组织带去丰厚利润。这些都是可以理解的目标。没有哪个领导者会故意制造停滞。他们想要设定清晰的目标，提升组织的效能，而不是故意拖延，中断需要完成的工作。

但是，很多时候，新任领导者（或者刚接手新职位的经验丰富的领导者）的指令或主张只是给团队带去失望，而不是预想中的士气高涨和效能提升。哪怕开始踌躇满志，最终的结局也往往是拖延、幻灭和懈怠，甚至沦为笑谈。

第一章

成为领导者，而非管理者

"告诉我你想做什么，如果钱不是问题的话。"这样的表示一般出现在公司的战略规划会议或拓展季期间，目的是让人打开思路，大胆想象，所以显得慷慨而包容。领导者想了解员工的需要：为了更快或更好地完成工作，他们需要哪些资源、设备、工具、人手或空间？

新任领导者的这种善意的姿态有什么问题吗？问题在于，钱永远都很重要，哪怕你有的是钱。即便风险投资人刚给你的口袋里丢了两亿美金，你也仍然要搞清楚，为什么花钱的是这个项目，而不是那个项目。当一个又一个领导者走马上任，鼓励人们"做大梦"的时候，天上却不会掉下钱来为这样的梦想买单。于是，这种做法就变得无聊透顶。它不过是浪费所有人的时间去做梦，再浪费所有人的感情去梦碎。

"我们把这一切推倒重来吧。"即便我们牢骚满腹，我们当中的大多数人还是对自己的工作充满了感情的。我们为自己做出的成绩感到骄傲。是的，我们仍旧可以进步、改变、提高。但是，如果新任的领导者走进来大讲"推倒重来"，这就意味着过去的所有努力一文不值。在很多员工眼里，如果一名新任的领导者还没有搞清楚现状是怎么回事，就开始"为了变革而变革"，那么这种做法就是典型的妄自尊大。

无论你讲整体的生产过程、具体的工序还是各种产品，你都要理解，措辞是非常重要的。你可以说"调整"，或者"升级"，但是一旦你说"重建"，结果就很可能是大面积的抵制。

"我们先把一切停下来，等我搞清楚以后再继续。"什么叫作"停下来"？真的要停下工作吗？停止计划？停止实施？停止提供经费？停止签订合同？要通知与项目有关的所有部门和人员吗？停多久？停下来做什么？如果"这个项目"恰好是我当前的主要工作内容怎么办？这一指令会让工作陷入极大的停顿，因为工作流程被拦腰斩断了。

较好的措辞是这样的："我打算把我的计划推迟几个礼拜，先了解情况再说。我想了解你们的项目和项目的进展情况。我想知道你们是怎么看待你们手头的事情的，为什么会那么看。我想听听你们的反馈，然后我们再一起往前推进。"

"先向我报告，然后我们再下决心做那件事。"这一指令与上一条异曲同工，它像一个瓶颈，能够把组织的效能降到相当低的水平。唯一的不同之处在于，这条指令省去了"等我搞清楚以后再继续"的部分，让人心里更没有底。员工可能会担心，这种要求向上报告的指令透露了领导者一贯的管理风格——严密控制，不给下属留出发挥个人主动性和自主决策的空间。

更好的措辞是这样的："在推进项目的同时，请把相应的进展告诉我，让我了解你的项目。"

如果你是一名新上任的领导者，那么你的当务之急就是要赢得团队的信任。为了实现这一点，你就要多多聆听，而不是立即发号施令。放松一点，多熟悉情况，了解过去的运行机制。询问团队成员的个人目标,并且把你的目标告诉他们,然后邀请他们加入进来,与你一起努力。从一开始,你就应当让他们把你看作一位真正的伙伴,而不是高效工作的绊脚石。

10. 选择：做一名教练，而不是评论家

> 赞扬只对三种人管用：男人、女人和小孩。
>
> ——佚名

"你不会真的还想吃一份吧？""它在你计划的饮食范围里吗？""这个夏天你肯定胖了好几斤，是不是？"随便找一个曾经努力减过肥的人，问问他如何看待总是这样唠叨个不停的配偶或父母。

然后，你再问同一个人，与有教练（甚至包括拥有语音反馈功能的在线程序）鼓励你相比，例如"干得好！""真厉害！""你的体重增加了两斤，不过别放弃，只要回到你原来的饮食计划，你就能成功！"哪种情况减肥效果更好。

再说一遍。随便抓一个减过肥的人来问，哪种方法效果更好，鼓励还是批评？我敢保证，他们每次都会选鼓励。在职场中，道理也是一样的。

人生导师和私人教练似乎已经成为了彰显社会地位的新符号。从企业的首席执行官到17岁的高中生，所有人都在

第一章

成为领导者，而非管理者

谈论他们的私人健身教练或财务教练。跟上司一样，教练们也希望你能按时到场，努力训练，履行你的诺言。事实证明，责任、鼓励和支持所提供的动力要比批评和苛责大得多。

作为团队的领导者或管理者，你可以尝试下面这些做法来成为一名有战略眼光的教练，而不是成为一个只会挑三拣四的人。

- 帮助你的团队成员认识自身的长处。在你有权力这么做的前提下，把下属安排在能够发挥他们特长的职位和项目上。太多的人挣扎在未能利用自身所长的岗位上，甚至一干就是一辈子。无论接受多少培训和指导，他们最多也只是把自己的"弱项"提高到"平均"的水准。

- 沟通目标、具体期待和衡量成功的明确标准。确保团队成员知晓期望的结果。详细说明达成目标（法律的、组织的和特定行业的）所必须遵循的程序。他们该如何判断事情的成败？有哪些特定的评价标准？项目截止日期是哪天？如何评定质量？有没有每小时处理一次投诉？有没有提供配套工具？有没有杜绝错误？有没有节约项目资金？

- 提供资源。预算是多少？需要加多少小时的班？是否需要增加人手？是否需要提供设备、培训、专家或数据方面的支持？

- 树立信心。你对下属的信任能增强他们的信心。在写下他们将在某年某月某日之前完成某个项目并获得你的信任之后，他们对你（很可能也包括其他团队成员）的承诺就能极大地激发他们的工作热情。

·**提醒注意潜在的危险**。教练协助制订预防措施，以免薄弱环节危及整体的成功。换句话说，作为一名教练，你应该帮助下属防患于未然。对于困难较大的项目或计划，你应该为下属指出容易出问题的地方，同时提出向你汇报工作的建议时间点，以便下属能够在局面恶化之前得到你进一步的指导。

·**给予明确的反馈**。《职场2020》（*The 2020 Workplace*）一书的作者珍妮·梅斯特（Jeanne Meister）和凯莉·维尔叶（Karie Willyerd）在她们的研究中指出，下属最希望领导者具备的能力（"直接反馈"），同时也是领导者最为缺乏的能力。在很多人力资源专家看来，众多领导者既缺乏意愿，也缺乏技能来向自己的团队成员提供有用的反馈。

·**先说"意愿"**。你需要理解，你的下属不仅需要，而且迫切需要你对他们的表现给予评价，即便你的评价并不是那么中听。在你们刚开始一起工作的时候，你就要让他们知道，反馈是"这里的工作惯例"，而且，他们所得到的反馈和指导在大部分情况下都是在"为他们的职业生涯发展做投资"。你要让他们体会到，你所考虑的并不只是当下。

·**再说"技能"**。你首先要学会问问题，比如，问下属项目进展得怎么样，然后倾听、思考，接着说出自己的观察，只做描述，不贴标签。例如："我在我们的展台待了3个小时，我发现来我们这里的人很多，可是其中至少有一半不是我们

第一章
成为领导者，而非管理者

理想中的用户。我们的展前营销宣传可能做偏了。它招来的都是中层管理者，不是高管买主。"

清晰的反馈可能是成败的分水岭，可能会决定你吸引来的是人才还是庸才，决定最优秀的人才到底是留下来，还是让你眼睁睁地看着他们另谋高就。

- 给予鼓励。在下属或同事取得进展的时候，无论进展是大是小，你都要不吝给予正面的评价。如果你是一位跑者，特别是马拉松跑者，你就知道沿途的喝彩声有多么重要。如果你曾经努力减肥，那么每当你听到"身材真好"这样的夸奖的时候，你都无疑会更加注重健康饮食。

- 布置更有挑战性的任务来帮助他人积累经验，提升技能。例如，你能否布置这样一个可行性研究，它既可能获得高管们的关注，又可能为下属提供与高管对话的机会？你能否建议他们参加某个能让他们长见识的全公司级别的项目团队？

- 庆祝胜利。一个阶段的工作圆满完成后，教练一巴掌拍在你背上，同时说："好样儿的！"这种感觉是不是要比那人咕哝一句"完事"，接着就走掉强多了？更别提那人耷拉着脑袋嘟囔说："下个项目，你给我接着干活儿。"

在沟通当中，你是做一名教练，还是做一名评论家，这实际上是一个战略性的选择。它会影响团队的效能、士气、出勤率和员工流失率，并且最终会塑造组织的文化。总而言之，你要从旁引导。你大可以批评饮食和电影，但是对人还是要鼓励。

11. 激励：领导多担一份责，少表一份功

> 优秀的领导者多担一份责，少表一份功。
> ——阿诺德·格拉佐（Arnold H. Glasow）
> 杂志创办人，幽默作家

你有没有想要在过生日的时候刻意表现得惊喜万分？很难，是不是？对于每月都必定到来的奖励，想要装作激动万分也同样是非常困难的。而且，这样的奖励已经失去了原有的作用。实际上，你可能会发现，当奖励不再到来，并且让你有些心灰意冷的时候，你才能重新珍视那份奖励。

这里我解释一下。对下属的出色工作表示认可能够在整体上提升绩效，不过，这其中的机制可能不是你想象的那个样子。更卖力工作的并不一定是那些获得荣誉的人，而是那些没有获得荣誉的人。

这一结论来自德国慕尼黑的一家研究机构（CESifo）所发布的论文，其作者是荷兰鹿特丹伊拉斯谟大学经济学教授罗伯特·德鲁（Robert Dru）博士。在实验当中，研究人员

会让受试者做3小时的数据录入工作。而后，一些高绩效的个人收到了用以表彰他们"勤奋工作"的感谢信。这些感谢信提高了其他受试者的绩效，特别是那些先前表现较差的受试者。没有得到赞赏的受试者发现，与其他受试者相比，自己的努力程度不够，这让他们感到非常尴尬。

在这项研究当中，研究者还得出了另一条结论，那就是，当部分受试者获得赞赏（不是只有一个人受到赞赏，也不是所有受试者都受到赞赏）的时候，整体的绩效会提高。从这一研究以及其他有关赞赏的研究当中，领导者可以学会通过策略性地给予奖励来激励所有员工——无论是表现较差者还是表现突出者。

向认真考虑如何更好地利用赞赏来提升整体职业满意度和个人绩效的领导者致敬。

奖励员工注意事项

·使奖励个性化。完成工作的是一个个具体的人，不是团体。

·奖励应鼓舞表现杰出者，而不是陷他们于尴尬的境地。将受奖者组成一个精英群体，也就是说，不要只奖励某一个人。只奖励某一个人有可能会让他人产生嫉妒心理，使受奖者陷入孤立。

·使奖励成为惊喜，而非惯例。如果员工总是得到奖励，那么一旦得不到就会产生失望情绪。而且，即便得到这样的奖励，他们也并不一定会感到欣喜。意料之中的奖励很难鼓舞人心。

·讲清楚给予奖励的原因。表彰具体的行为、技能、判断、专业知识或成就。

·通过讲述具体的故事来帮助团队成员理解自身工作对客户和其他同事的影响，让他们知道，自己的工作是重要的。不仅事关人类福祉或拯救生命的重要工作能带来强烈的个人满足感，如果员工能感受到他们对别人帮助巨大，那么即便是增加营收、削减成本和提升利润这样的寻常之事，个人也一样能体会到强烈的满足感。

·使奖励打动人心。今天的人们整天在社交网络上被"点赞"和"评论"，所以，你的赞赏必须更进一步。

·奖励的形式要丰富多样。比如：总经理认可，直接上级表扬，休假，礼品券，物品，旅游，培训，介绍给高层管理者，当众表扬，升职，加薪等。"有钱能使鬼推磨"的说法已经不合时宜，今天的员工常常会用加薪或奖金来换取休假。不要自以为了解哪种奖励更有效或作用更长久。

确保奖励达到目的。

12. 压力：如何解雇员工

> 即便我不赞成对方的观点，我也绝不会犯与其争吵的错误。
>
> ——爱德华·吉本（Edward Gibbon）
> 18世纪英国作家与历史学家

"你一般要多久才能知道新招的员工不适合某一个职位？"我常常这么问我的公司客户的管理者。

他们的回答短的有"几个星期"，长的有"3个月到半年"。然而，真正让他们感到头疼的，似乎是如何迅速地修正这一人员聘用方面的错误。尽管大多数领导者都信奉"缓招聘，速解雇"的原则，可他们仍然十分忌惮最后的摊牌，总要挣扎很久才不得不付诸行动。

但是，要想对组织、其他团队成员和当事员工等所有相关方负责的话，领导者就必须在解雇员工这件事情上转变认识。解雇是当事员工的工作表现未能达到基本要求的必然结果，这是由他们的态度、行为或技能方面的原因造成的，所以，最终决定解雇只是整个过程的最后一步。

考虑所有相关方的压力

如果有人明目张胆地违反公司规定，解雇就不会是一件困难的事。可是，如果当事员工只是在技能方面没有达标，也就是说，职位的要求超过了当事员工所能达到的程度，这时你要当面告知对方就会变得非常困难。不过，在以上两种情形当中，你都要公平地对待牵连于其中的所有相关方。

当一个人完不成工作的时候，他的团队成员会有真切的感知。确实，他们可能会去干一些"擦屁股"或者"收拾烂摊子"的事情，默默忍受。可是，这么做毕竟会增大他们自己的工作量。于是他们观察，等待，看领导者会如何处理这一问题。

你的组织也势必要承担不称职的人所招致的代价——低效、错误、重复劳动和士气受损。你自己也得额外花费时间去监督、指导，甚至培训。

最后，完不成工作的员工自身也会承受巨大的压力。如果你仍然把他留在工作岗位上，同时不切实际地期待情况会改善，或者要求会降低，这么做也是不负责任的。面对高悬的利剑，他只能惶惶不可终日。

记录谈话以备用

西奥来到人力资源总监的办公室:"我想在作决定前征求你的同意,我想把比尔炒掉。"

"为什么?"

"他工作上不行。"

"能说具体点吗?"

"就是工作上不行,很多次了。"

"你跟他谈了吗?有没有给他提供改正的机会?有谈话记录吗?"

他摇了摇头。所有这些最基本的事项,他都没有做。

这一情景司空见惯,已经成为人力资源手册里的一个经典案例。不要再犯同样的错误了。你需要提供反馈,详细告诉当事员工,他需要在哪些方面作出改善,以便提升绩效。然后,你要把谈话过程简要地记录下来,包括谈及的事项和对方的回答。如果你为当事员工提供了改进方案,那么其中的细节也要记录下来,标明日期并存档。如果当事员工未能及时有效地作出整改,你就可以采取进一步的措施了——再次警告,或者解雇。(如果接下来遇到困难,谈话记录能起到支持的作用。)

告知你的决定

如果你是一个非常有同情心的人,那么告知他人他们被解雇了就永远都不会是一件容易的事。我在自己的小公司里做了 30 年的首席执行官,在这当中,我不得不解雇很少的一部分人(一人因偷窃设备,两人因缺勤太多,两人因反复在项目或任务上撒谎,还有五人因业绩不佳)。即便是解雇那名偷窃设备的员工,整个过程也相当困难,因为她很有能力,也非常讨人喜欢。

所以,不要等到你"乐意这么做"的时刻才最终作出决定。除非你是铁石心肠,否则你永远都不会等到你乐意这么做的那一天。你需要策论性地思考。

· <u>采用理性的思维方式</u>。承认解雇员工是困难的。理解领导者必须做出艰难的决策。知晓当下的情绪波动过后,工作不力者终将摆脱职场失败带来的压力,在别处获得更适合的职位。

· <u>为谈话作准备</u>。想好在何时何地进行离职谈话。想好措辞。你会如何概括这么做的原因?离职哪天生效?是立即生效,还是当天工作结束后生效?你的组织提供再就业支持吗?你的组织在向未来雇主提供信息的方面有什么规定——只体现工作起止日期和职位吗?做好准备向对方解释,其他团队成员将在什么时间、以什么样的方式获知这一决定。

·避免争吵。现在不是重新评价当事员工绩效或听取对方申诉的时候，你只需告知对方你的决定："我们决定让你离开公司。"对方提出申诉后，再次重申这一点："抱歉，比尔，但是我们必须终止对你的雇用。"如果需要，继续重申这一点："我听到了，比尔。但是决定已经作出了。我们的再就业支持可能会对你非常有用，希望你能充分利用它。"

·避免让话题转向自己。类似"我最不愿意解雇人"或者"我跟你一样讨厌这种事"的说法只能激起对方的愤怒。虽然这么说能减轻你的负疚感，但这只是为你自己赢取同情而已，在这样的场合，这么说是非常不恰当的。

·表现出同情和理解。作好准备接纳对方的情绪——从愤怒到崩溃的一切情绪。检查你的措辞中是否有刺激性的用语。去掉有可能使你显得高高在上、消极负面或者冷酷无情的话，比如，"你一直不愿意……""我通过各种方式帮你，你全都不理会。""我对你倾注了比别人多得多的时间和关注来让你提高，但是你没有对自己负一丝一毫的责任，我迫不得已，只能……"

·永远不要像对待罪犯那样对待员工，除非你真的怀疑他们是罪犯。如果真是那样，你就得正式起诉对方，否则，你的解雇决定就有可能被判不公或非法。在其他情况下，你都要让员工有尊严地离开。记住,"用你希望别人对待你的方式来对待别人",并据此展开离职谈话。

高效的领导者从不喜欢解雇员工。实际上,他们厌恶这一工作。但是,这是一个战略决策。领导者必须为了团队的整体利益(士气与未来的增长)来做这一沟通。

13. 鼓励：成为聚宝盆式管理者

你想要什么样的人，你自己就要成为那样的人。
——马歇尔·西尔弗（Marshall Sylver）
演说家，表演者

星期一一大早，有人打来电话，自称是一家大型商业地产公司的首席执行官。我再次听她介绍自己，才想起我们一年前见过。当时，她陪她女儿来我们的培训中心，以便为后者在家族企业内升任高级管理者作些准备。

"我今天得见到你，"电话那头说，"最好是一两个小时以后。你能来我这里吗？那样最好。如果不行，我就去你那儿……我脑袋快炸了。如果我没记错的话，你们是在机场附近121号？"

"是的……我能帮上什么忙吗？你能再跟我说说是什么事情吗？"

"我快受不了了。这里的每个人都在折磨我。我不知道，可能是我的原因。我得找个人说说话。就是现在，今天上午。"

对方声音沙哑，听上去像是一个被三胞胎折腾了一整宿的年轻妈妈，而不是记忆里一年前的那个60多岁的老练的经理人。

"好的，你能说得再详细一点吗？它是一个具体的沟通上的问题，还是更宽泛的管理上的问题？"

"来我这里的每个人都有问题要解决……不是有的项目要黄了，找我求救，就是他们不喜欢我们的一些做法，极力反对。没有一个人是高兴的！所有人都在较劲！没有人能好好说话！我女儿，他们讨厌她。至少他们都不听她的。他们还是但凡有什么事情都来找我。我一分钟也离不开。没有人想在任何一件事情上配合！……我得找个局外人聊聊，把这些头绪理一理。"

注意，我不是人生导师，也不是心理咨询师。给我打电话的人一般都是沉稳的专业人士。他们有的想要预定演讲，有的想请我提供领导者风范和演讲技巧等与沟通有关的培训。而这位首席执行官说起话来却像是她的情绪正在经受极大的震荡。

"你说的是工作上的事情，还是家里的事情？"我问。

"都有。"

就在我听埃莉诺诉说的时候，一年前的场景浮现在了我的眼前。她跟我约了半天的时间来为她女儿培训领导者风范。后者刚刚硕士毕业，回家进入企业。

没等我反应，埃莉诺继续说："所以，一切可能全是因

## 第一章

成为领导者，而非管理者

为我。可能是我的管理风格。可能问题就出在我身上。我把所有事情都搅乱了。我得找个人聊聊，现在。你做这种类型的辅导吗？"

"嗯，如果你跟员工的沟通出了问题，那么我肯定能在这方面帮你。但是我不是心理咨询师。你听起来情绪很不好。我可以把工作重新安排一下，今天去见你。"

"好，那就给我个建议吧……我稍后回复你，不是今天晚一点的时候就是明天，或者下个礼拜。"

就在这时，我确实发现了她所在组织的管理问题！

我从未见到过故意打击下属或项目团队士气的管理者，但是很多人都是这样做的，尽管这并不是他们的本意。当我跟他们以及跟他们的下属交谈的时候，我察觉到了很多令下属感到失望、懈怠，并且促使他们跳槽的态度、做法和技能缺陷。

当一家组织的高层管理者注意到自己的经理很难留住人才，并且建议对方来参加我们的沟通辅导的时候，我们在面谈中用不了多久就能发现其所养成的不良沟通习惯。

在与很多客户（特别是那些想要搞清楚是什么原因让自己事倍功半的管理者）的沟通当中，我们发现有两种管理者的表现截然不同，一种是喜欢打击人的管理者，一种是喜欢鼓励人的管理者。

喜欢打击人的管理者与喜欢鼓励人的管理者

喜欢打击人的管理者	喜欢鼓励人的管理者
释放碎片化的少量信息,像父母一样,只给他们认为"孩子"当前能够吸收的那部分信息。	描绘愿景和大局。
关注如何做事。他们害怕,如果说到为什么要那样做,别人就可能发问,或者怀疑他们的决定。	解释为什么会做出这样或那样的决定,为什么要完成这样或那样的项目或任务。
不鼓励问问题,认为提问浪费时间,且挑战自身权威。	欢迎问问题,认为问问题能让人更好地合作和创新,以及更加投入地工作。
用机关枪一样的速度布置项目或任务,然后就消失不见了。	以合理的节奏授权下属完成某些项目或任务,确保下属充分理解任务本身,并且拥有完成任务的资源。
雇用他们认为在能力上不如自己的人,花费时间设定某些界限。	雇用比自己聪明的人,推动他们创造性思考,用困难激发他们成长,充分发挥潜能。
用隐晦的方式沟通,武断地认为下属已经了解了自己的想法,下属只好去猜测他们对工作结果的标准和期待。	直接、清楚、明确地说明自己期望的结果。
不经常沟通,不亲自出面沟通,所沟通信息前后不一致。当沟通真正发生的时候,下属接收到的往往是"坏消息"或负面评价。	定期沟通,亲自沟通,所沟通信息前后一致,无论进展顺利与否。

第一章
成为领导者,而非管理者

喜欢打击人的管理者会造成巨大的损失,而喜欢鼓励人的管理者是组织的聚宝盆。

喜欢打击人的管理者会使员工的缺勤率和流失率大大升高,造成巨大损失,而喜欢鼓励人的管理者是组织的聚宝盆。作为一名领导者,你的沟通习惯、态度、技能和做法都需要提升到中上水平,这样才能真正为你的团队招来人才。

让你的沟通成为战略上的招聘利器。你的管理风格将有口皆碑。

14. 广泛沟通：把权力化为影响力

> 如若不能化作影响力，权力便一无是处。
>
> ——康多莉扎·赖斯（Condoleezza Rice）
> 美国前国务卿

你有没有过这样的经历，你所在的组织或团队因为领导者的错误决策而乱成一团？你静下心来回想领导者本人，却怎么也搞不懂，一个了解行业、经验丰富，并且通常都相当能干的人怎么会做出如此荒唐的决策，搞得项目困难重重，或者让众人垂头丧气？

作为领导者，当你想起过去的某个失败决策时，你的脑中可能也会冒出同样的念头：我当时是怎么了？我怎么就没有看出来，这么做会出乱子呢？仔细分析这类情形，包括你经历过的情形和新闻里的那些著名丑闻，你就会发现，这其中都有一些共同的原因。

第一章
成为领导者，而非管理者

"过去的辉煌"综合征

领导者有时会把眼前的新情况当成是遇到过的老问题，于是不假思索就做出了决策。然而，他们的记忆并不准确，两者并不是一回事。

我不由得想起了百视达（Blockbuster）和柯达（Eastman Kodak）这两家公司。面对数字技术革命，柯达公司的领导团队不愿相信整个行业真的会出现剧烈的变革。他们认为自己会在竞争中胜出，就像他们曾经无数次做到的那样。巨无霸企业百事达从未想到，碟片租赁行业正在转向包月模式，直到新创企业奈飞（Netflix）吃掉了自己的客户群，断了自己的生路。

有的领导者总是认为，所有的新问题都只不过是曾经解决过的老问题的翻版。结果呢？他们正是栽在了这样的新问题上，有时还让整个组织栽在上面。等到恍然大悟，一切都晚了。

我近期跟一位高级管理者讨论了他遇到的一个问题——他做出的一项决策被公司里的很多人无视或者规避了过去。我建议他找不同部门的人员调查一下，听听他们对当下情况的反馈，找到替代的做法。结果他回答："你看，我已经知道他们都要说什么。不管怎么做，调查得到的反馈只能是负面的。"

到现在为止，他都没有采取任何措施来改变自己的做法，公司员工也大多忽视了他的命令，绕过他去获得准许，完成工作。此时，他的船正在迅速进水。他爬到高处，装作什么都没有发生。几个月后，也就是我写这本书的时候，他最终沉船落水。对于事情为什么会变成这个样子，他依旧大惑不解。

超越公共利益的个人利益

一些资深的领导者虽然关照团队、部门或组织的利益，但是，当公共利益与他们的个人私利发生冲突的时候，他们的决策就会出问题。当然，从一定程度上说，所有人的心里都存在个人利益，否则，他们就不会期望升职加薪了。

我这里所说的是不适当的个人利益，与之相关联的行为有撒谎、隐瞒负面消息、责备他人、拒绝承认错误、侵占他人的工作成果或想法，等等。

权力

不论领导者的地位是如何得到的，这一地位都会授予领导者权力，而权力又可能导致自我膨胀。一些领导者开始听信谗言，认为他们总是团队里最聪明的人。这些领导者让一些小人围绕在自己身边，导致这一认识得到进一步强化。外部信息通过这些谄媚者的过滤进入领导者耳中。用不了多久，领导者的想法就会脱离现实。于是，他们的决策也难以立足现实。

几年前，一名总经理向我吹嘘，他从一家组织辞职的时候，他的权力有多么大，地位有多么重要。他说："虽然我的下一个职位更有前途，可我还是有些不想走。听到我辞职的消息后，很多人都非常难过。我估计会有一些人因为我的离去而辞职。"

日后经过核实，并没有人在那名总经理离开后辞职。这家组织的首席执行官说，没有了他，公司仍然继续成长壮大。当手握权力者围绕在支持者中间时，他们的认知就会发生扭曲。

领导者如何改正错误，展开沟通

为错误决策承担责任。重建信任的起点是向下属承认你做出了错误的决策。除此之外，别无他法。如果你做不到这一点，你就会激起他人的愤怒，同时迫使他们不断地提及你的愚蠢决定和相应的后果。承认错误不仅能让你心安，同时也有助于扫除前嫌，重建信任。

定期与下属沟通。要想不脱离现实,你就要广开言路。你必须询问困难的问题,也就是有可能引出你不喜欢回答的问题。你得关心下属的感受。你需要理解你的行动、语言,甚至你的沉默对他人的影响。当然,像360度绩效评估这样的反馈机制能帮你增加觉知。此外,处罚告知你严峻事实的人是不明智的做法。

寻找知己。在下属和收入受你影响的人之外寻找可信的密友,比如组织内或组织外的良师益友或配偶。他们能帮你把注意力持续地集中在管理难题上。

聪明的决策来自聪明的领导者,后者通过与各个层级的人广泛沟通来让自己永远立足现实。

15. 互助：帮助你的员工就是帮助你自己

领导力与学习密不可分。

——约翰·肯尼迪（John F. Kennedy）
美国前总统

为一家大型进出口企业做完主题演讲后，公司的首席执行官邀请我共进晚餐。席间，说起我夜里要搭乘飞机离开的事，我们各自讲述了航班延误时，我们很难从航空公司得知这一信息的一些经历。就在我提到一家航空公司的名称时，他的眼神突然一亮。

"我绝对再也不用那家航空公司发货了！"他说，"他们撒起谎来简直毫无底线。每次我问办事员，我们的货有没有装到某个具体的航班上，办事员都说装了。可是过后，巴西的客户总是打来电话说，货还没送到……我肯定得去核实呀。一核实才发现，货压根儿就没装。"

我一边听他说，一边想起了我自己被寄到别处的行李，于是深有同感。

这位首席执行官继续说:"后来,我找到了一个我能信任的办事员。不管其他办事员跟我怎么说,我都会到装货区直接找他问,货是不是真的会装到某某航班上。他每次都会跟我说实话。如果不会装,我就打电话给巴西的客户,告诉他货不在这个航班上……每次我只能指望他告诉我实情。"

我再次点点头说:"你就需要这样的员工。"

首席执行官继续说:"过了差不多三年,他们(那家航空公司)裁员,我立即把那个办事员招了进来。我当时都没有职位给他做。但是,我需要这样的员工、这样讲实话的人。他会说两种语言,学东西也特别快。我已经盘算好要给他找个职位,然后培训他。后来证明,他确实是一个特别好的员工。"

这位首席执行官是一位战略思想者,他知道搜罗人才有多么重要。我从来都没有忘记发生在我职业生涯早期的这段对话。而且从那以后,我也从其他高级管理者那里听说了很多类似的故事。

但是,根据普华永道(PwC)的一项调查和来自光辉国际(Korn Ferry Institute)、由研究者罗伯特·艾兴格(Robert Eichinger)所主持的一项研究表明,大多数管理者在提升自己和下属方面都做得非常不够。在管理者所具有的67项能力当中,"培养人才的能力"排名垫底!

那么,当员工发现他们的个人发展不在上司的优先事项之列的时候,结果会发生什么?他们会离开。哈里斯民调

（Harris Poll）近期一份针对 2000 名雇员的调查显示，在美国，大约有 1/3（32%）的雇员表示，他们正在因缺少职业成长机会而酝酿离职。此外，55% 的全职或兼职劳动者希望他们的公司能够在他们的个人职业选择方面发挥积极的作用。

不过，针对个人的职业培训并不一定是脱产式的培训。

早期观点认为，职业培训应当是通用型的。组织设计培训课程，派员工去学，然后等待他们带着技能回来工作。后来，这一过程演变成了将"有潜质的人"单独加入培养通道，接受难度更大的工作和特殊的指导，同时让他们有更多的机会接触高层管理者，聆听他们在战略事项上的思考。不过，这些训练大多只包含单向的沟通，比如，"下面是我们认为你应该知道的事情。"

然而，今天的员工期望得到回应。他们需要与自身的目标、梦想、规划和生活方式相契合的个性化的职业培训。他们希望上司关心自己的职业生涯发展（而不是只关注他们能否完成当前的工作），教他们充分发挥潜力，或者在这方面提供建议。事实上，一旦看不到职业成长机会，千禧一代就会果断离开雇主，其决策之快好比离开一个无聊的聚会。而研究人口结构变迁的研究者估计，2020 年之后，千禧一代将占据美国劳动力总数的 51% 以上。

无数研究证实，职业成长机会已经成为了企业的一张名片，它是吸引求职者加入你的组织或团队的一大利器。

领导者都知道这一点，也都认同这一点。实际上，他们自己也无不想要得到这些职业发展机会。

那么，问题出在哪里？在快节奏、人员不足、时间紧迫的大环境里，团队成员的能力培养只能被排到领导者待办事项的最末位。上级说他们太忙了，没有时间考虑这些在他们看来只是"附加的"好处和需求。

但是，作为一名战略思想者，你会不断地与你的团队成员和同事单独讨论职业成长方面的话题。你要让他们知道，你关心他们的长期职业发展。一年一度的绩效评估会（如果你还这么做的话）并不足以做到这一点，也体现不出这一话题应有的重要性。

以下是让你的同事和团队成员知道你关心他们的职业生涯和个人成长机会的方法。

· <u>经常了解他们在承担工作任务和职业成长方面的想法</u>。了解他们的短期目标和长期目标的变化。有没有掌握新技能？想不想承担考验能力的新任务？兴趣爱好会发展成为职业抱负，职业抱负也会收缩成为兴趣和爱好。收入和储蓄目标会随着家庭的实际情况而发生变化。健康水平的下降也需要人在生活方式和职业上做出调整。只要询问他们此刻的需求、愿望和优先事项，你就能让他们知道，你关心他们的职业成长。

· <u>寻找时机进行指导</u>。你可能挤不出一个小时去指导你

第一章
成为领导者，而非管理者

的团队成员，但是你可以挤三五分钟出来。当这样的机会来临时，打电话告诉某个团队成员："如果你想知道 X 条款里涉及的内容，你可以在两点钟的时候加入我的电话会议。"你也可以邀请他们"来我办公室一分钟。我刚刚决定跟 Z 公司签合同。我告诉你这个决定是怎么来的，以后再碰见这种事，你就差不多知道该怎么办了"。被你叫到的人会理解，你正在为他们的职业成长投入时间，无论这一时间有多短。

·提供资源，并督促团队成员对自己的职业成长负责。这里的资源可以是你自己的人力资源部门、当地大学、行业会议、图书、音频、订阅计划、网络研讨会或在线培训计划。无论他们选择哪些资源，确保团队成员理解，就像人应当为自己的身体健康负责一样，人也应当为自己的职业成长负责。你只需把你知道的资源告知对方，同时建议他们根据自身的目标去做进一步的了解。

接下来，别忘了跟进。过一段时间，问问他们，那些资源是否有帮助？他们喜欢哪些资源？不喜欢哪些资源？他们有没有找到别的更有用的图书、课程或应用程序？

·抓住一切机会强调职业成长。在全员会议上了解团队成员各自需要学习的内容，把它作为经常讨论的议题。从组织内或组织外找专家进行相关的讲解。向团队成员分享你学到的新知识，比如，你从读过的文章、博客和书籍里学到的新概念，你在参加过的会议上了解到的新想法，你从你的良师益友那里获得的新见解。询问他们掌握了哪些新技能，并且建议他们把这些新技能报告给人力资源部门，以便及时更新员工档案。在讨论他们的个人行动计划时，一定要详细询问他们在职业成长方面的想法。

·把学习作为非正式讨论的话题。我有几个朋友是运用非正式社交建立商业关系网的行家。在聚会的时候，他们总是会问："我们上次聊完以后，你有什么收获？"我们可以把他们的话稍作改变，以便将同样的时机用于指导下属："我们上次聊过你的职业生涯以后，你用了哪些新方法来学习？"在全员会议里，你可以偶尔（要事先通知）安排一些时间，找几个人介绍他们觉得有帮助、可以推荐给同事的学习资源（博客、书籍、播客、课程）。

例如，好几家公司都在借助我的书开展讨论，他们有的设置了"午餐学习时间个人成长计划"，有的在公司内部搞了经管图书阅读俱乐部。（你可以在www.CommunicateLikeALeaderBook.com免费下载我们专门为这类活动提供的"讨论指南"。）参加行业会议的人员通常也会把相应的笔记和讲义拿到下一次全员会议上分享。

你能借助所有这些机会表达你对团队成员个人职业成长的关心。对千禧一代来说，来自你的回应和你对他们职业成长的关心尤其能促进他们的发展。

除去能够体现你对下属职业成长的关心之外，这样的非正式讨论还能帮你达到以下几个目的：第一时间得知下属目标的变化，反复提醒团队成员为自己的个人成长负责，以及为你和有经验的团队成员指导他人提供更多的机会。这样一来，你作为领导者就进一步推动了整个团队的学习进程。

搜罗人才和培养团队成员（或帮助同事成长）并不是说，你还要在本已经安排得满满当当的日程里抽出大量的时间。这一战略性的谈话可以是简短而极其高效的。毕竟，谁不喜欢谈论自己未来的职业机会呢？

第二章

活跃的网络让你免于价值缩水

★ 如何说、何时说、何地说,有时候比说什么更重要。

——安妮·布鲁斯(Anne Bruce)和
詹姆斯·伯比顿(James S. Pepitone)
经管图书作者,管理顾问

★ 讨论交流的是知识;争论交流的是无知。

——罗伯特·奎伦(Robert Quillen)
幽默作家,记者

★ 如果能描述清楚,问题就解决了大半。

——约翰·罗斯金(John Ruskin)
19世纪英国艺术家和艺术评论家

16. 品牌：沟通互动造就个人品牌

> 领导力的难点在于坚强而不粗鲁，善良而不软弱，勇敢而不欺侮，思虑而不怠惰，谦虚而不胆怯，自豪而不傲慢，幽默而不荒唐。
>
> ——吉姆·罗恩（Jim Rohn）
> 企业家，作家，励志演说家

向任何营销专家询问品牌的定义，他们都会告诉你，品牌不是你为自己做什么事情，而是客户或同事在想起你的时候会怎么想。随着你与下属、同事和组织内外的高级管理者不断互动，你自己的沟通"品牌"就逐渐形成了。想到你和他们的互动，别人会产生什么样的感受？当别人想到你和你的沟通风格的时候，你觉得他们的脑中可能会出现什么样的字眼？把这些字眼在下面的表格里圈出来。

你在他人眼里的沟通风格

积极风格	消极风格	积极风格	消极风格
诚实	欺骗	明确	模糊
积极回应	不积极回应	谨慎	粗心
温暖、亲切	冷漠、冷淡	准确	不准确、错误
圆滑	生硬	有活力	慵懒
简练	啰唆	情绪稳定	情绪不稳定
谦卑	高傲	逻辑严密	逻辑混乱
幽默	严肃	有趣	无趣
旁征博引	没有根据	专心	不专心
足智多谋	无能	兴奋	无精打采
有见地	愚钝	彬彬有礼	粗鲁
刺激	乏味	同情	漠视
信任	怀疑	敏感	迟钝
和蔼可亲	讽刺挖苦	聪明、机智	愚蠢、反应慢

你的沟通"品牌"是你所有个人互动的总和。

查看你选择的结果,你想给别人留下这样的印象吗?你想建立这样的沟通品牌吗?大多数人都认为自己拥有出色的沟通能力。然而,面对政治动荡、种族关系紧张、国际冲突、敬业度下降和离婚率高的现实,怎么还有那么多人执意认为自己善于沟通？不用说，我们都可以让我们的沟通变得更清晰、更有影响力。

虽然没有人敢说自己的沟通十全十美，但我们依然可以建立我们自己的沟通标准，并且借此学会在家里、公司或其他地方实现有目的的沟通。你可以考虑下面这些做法：

· 优秀的沟通者知道始终说实话的战略重要性。说实话——不颠三倒四，不添油加醋，不故意遗漏，不主观臆测，不扭曲事实，不断章取义——是所有互动的基础。说实话是信任的基石。倘若信任不再，沟通就难以为继。

· 优秀的沟通者通过倾听把握战略机会，规避风险。他们知道自己心里是怎么想的。他们的目标是要去了解另一个人的想法。如果你总是采取"谈话"模式，那么你就只能知道自己的想法或打算，并永远处于劣势。聆听（不只是听到）能为优秀的沟通者带来很多好处：你能体现出你对对方的兴趣，你能学到东西，你还能做出适当的回应。

· 优秀的沟通者理解身体语言。嘴上说出来的话永远都不会是真相的全部。意义可以通过许多种途径来传达，比如语气、音量、面部表情、目光接触或躲闪、微笑、点头、手势、握手和姿势，等等。所有这些事项才能完整地展现出一个人对所讨论话题的感受。

· 优秀的沟通者讲究用词。鲁莽轻率的写作和口头表达会使沟通目标无法实现。谨慎的沟通者会舍弃刺激性的言辞（比如不公平、不可理喻、不赞成、抱怨、不满），以避免不恰当的语言引发情绪反应。

不说:"对于我们合同里的这些条款,斯坦科一直不满意且不可理喻,把我们的谈判延长了好几个星期。我觉得我们得把他们从投标人名单里清除掉,然后找一家价格更公平的公司合作。"

而说:"上三个合同跟斯坦科的谈判延长了好几个星期,我想把他们从投标人名单里去掉,然后找一家更接近我们初始定价的公司合作。"

• 优秀的沟通者注重听者的情绪。他们知道听者的心态会对信息的解读方式产生积极或消极的影响。所以,他们会选择在适当的情绪背景下传达敏感信息。

例如,假设你的公司在过去的 60 天里刚刚经历了合并,但你并没有大规模裁员的计划。同时,你还需要向你的团队介绍一家新进入市场的竞争对手。他们正在扩大市场份额。当你提出要采取削减成本的措施来保持公司竞争力的时候,如果你不具体说明这些措施到底指什么,你的团队成员就很有可能会认为,公司要因为合并而裁员了。这时,你的话就会被淹没在情绪的汪洋大海里。

• 战略沟通者了解时机的重要性。他们不会在刚刚得知股价重挫了 35% 以后立即要求募集资金。他们也不会在重大销售拜访前半小时宣布,公司刚刚失去了最大的客户。

• 优秀的沟通者懂得私密在劝说当中的作用。他们知道,当人的自我卷入沟通时,压力会让人说出违心的话。例如,在一次会议中，马可建议采用 A 方案解决问题，另外三名同事也表示同意。然而凯文接着发言说，他完全不同意 A 方案。随后，马可坚定地重申了他对 A 方案的支持，不过他并不能像凯文那样清晰地阐述自己的理由。接着，凯文再次反驳了马可的立场，明确表明自己支持 B 方案，并说明了理由。这时，最初同意马可的三名同事全都显露出了困惑不解的神情。凯文继续反对下去的话，他就会显得有点咄咄逼人了。

马可和凯文都会觉得难以坚持自己的意见，原因有两个：一是分歧已经公开化了；二是旁观者必须对赢家和输家选边站。

这时，两个人的自我就被牵扯了进去，因为此时的方案 A 和方案 B 已经变成了马可的方案和凯文的方案。

<u>公开化的争论往往对劝说有不利影响</u>。假如马可和凯文选择私下讨论这个问题，他们可能更容易达成共识。但是，正如上面所显示的那样，讨论已经成为了两个自我之间的争斗，并且赢者通吃。懂得私下讨论有争议的论题是领导力的体现。

这 7 种沟通方法当中的任何一种都可以帮你增加影响力，你要有意识地运用它们。采用所有这 7 种方法将有力地推动你成为一名成功的领导者。

17. 幽默：用笑声扩大影响力

不光荣的权力是这世界上最危险的事情，不幽默的权力次之。

——埃里克·塞瓦赖德（Eric Sevareid）
记者

第一天走进阿莫斯小姐的文学课，我吓坏了。我不是怕这门课，也不是因为这是我第一天踏入新校门，我是被她的长相给吓坏了。

我坐下来，上下打量她。她的大鼻子明显地向左弯向颧骨。犀利的双眼下，两只眼袋又大又黑。她两颊深陷，中间却突然冒出一张明显大得不成比例的奇形怪状的嘴。她的一头银发笔直中分，平滑梳向两耳，最后在发梢处卷出了密密匝匝的一排发卷。她的脖子下面是一身剪裁得体的服装，倒没有什么新奇之处。

她转过身，用大写的印刷体在黑板上写下了几个字：阿莫斯小姐（MISS AMOS）。转过身来，她淡淡地说："你们会发现,小姐(MISS)后面没有句号(.),句号的结局意味太浓,我还想往前走。"

所有人都不自在地笑了起来。就这样,有阿莫斯小姐和她的冷幽默相伴的11年级开始了。

一天,一名同学很晚才晃悠着来上课,嘴里小声道歉,说自己睡过头了。阿莫斯小姐清了清嗓子,讥讽地说:"克里斯,如果你晚上睡觉超过3个小时,你就是虚度光阴。你18岁了,你知道你的生命已经虚度多少了吗?"克里斯红着脸,坐到了他的座位上。可是,就在阿莫斯小姐带着讥讽的笑容环视全班的时候,其他人也深受触动(显然,克里斯也一样。他后来做了州参议员)。

阿莫斯小姐从未踏上过橄榄球场、篮球场或跑道,可是她的课却培养了很多拥有领导力的竞技者,不少教练可能一辈子都赶不上。她教导我们广泛阅读,深入思考,有条理地表达,有技巧地劝说,而她所使用的方式基本上就是发自关爱之心的幽默。时间进入五月,我几乎不再注意她的长相了。我想,其他同学也大多忘记了这件事。现在,阿莫斯小姐已经拥有了一所以她的名字命名的学校。

作为一位领导者和一个志在发挥影响力的人,你也可以选择运用幽默来面对带领团队完成使命的压力。

大发雷霆还是开怀一笑

幽默能遮蔽许多不招人喜欢的身体特征、小习惯，以及可能会让人产生不快的小怪癖。在遇到困难的时候，你有一个选择，一边是大发雷霆，一边是开怀一笑。大发雷霆所增加的只是你的血压，而轻松欢乐的组织文化所增加的却是你们的工作效能和影响力。

在我们的培训公司里，当工作量和压力增加到极致的时候，我们总是能借助关于语法界爱因斯坦博士的故事缓解紧张。

兰登书屋出版了我的一本语法书的平装本后，我们的接待员接到了一个电话，对方自称是语法界的爱因斯坦博士："我刚刚读了黛安娜写的语法书，发现了大量的语法错误。我非常吃惊，这么有名的一家出版社怎么会出版这样一本书，里面到处是错误的语法规则和例子。我要跟作者说话，把所有的错误告诉她！"

"她今天出去了，"接待员告诉他，"不过我敢说，她肯定想知道您说的那些错误。您能把您发现的错误告诉我吗，我好转给她？""到处都是。从头到尾，到处都是错的语法规则！还有标点符号、大小写。"

"嗯，我会告诉她的。在这中间，您可以把一部分错误用电子邮件发给我，我会把它们转给黛安娜和出版社。"

"好的,就这样!"

(尽管经过多轮校对,作者和出版社还是会犯错。他们想知道这些错误,这样就可以在今后的印刷中纠正这些错误。)

语法界的爱因斯坦博士发送了他的电子邮件,可是里面充斥了他说的各种语法错误,还有打字和拼写错误。他写的句子非常拗口,读起来十分费解。显然,他并不是什么语法学家。接待员把电子邮件群发给了办公室里的其他人。行政专员看到信的署名,笑了好一会儿。

连续几个月,这位语法界的爱因斯坦博士反复给我们办公室打电话,要求跟我说话,以便"纠正"我的错误。而且,在这当中,每当行政专员因为客户打电话咨询写作方面的技术问题而犯难的时候,办公室里就会有人调侃他:"你为什么不找语法界的爱因斯坦博士问问呢?"这一反应总是能让办公室的紧张情绪得到释放。

幽默有助于缓解紧张的情绪。即便片刻的幽默也可能产生经年累月的快乐。如果你想成为一位有影响力的领导者,那就在工作和谈话中展现出更多的幽默吧。

运用幽默的原则

· 检视你对他人运用幽默的动机。真正的幽默不会产生伤害。永远不要利用幽默来影射和攻击他人。记住,讽刺是最低级的幽默形式。幽默应该强化、疗愈关系,而不是削弱、伤害关系。如果幽默让人不舒服,那么就是不恰当的。

· <u>在困难局面中寻找积极因素</u>。

· <u>以轻松而不是粗暴的方式应对紧张的关系</u>。

· <u>在讨论或会议中,采取轻松的方式集思广益,解决问题</u>。允许花一点时间来说笑话,逗乐子。即使是在非常紧急的时刻,幽默也能帮人释放压力,从而让人能够在极端的压力下继续工作。

· <u>在敏感的场合下,注意斟酌用词</u>。使用有分寸的、正面的或中性的措辞。避免可能造成冒犯的、负面的措辞。

· <u>学会借助讲故事来说明你的观点,即便在正式的商务演示或商务会议中也是如此</u>。

· <u>把幽默运用于写作时要小心</u>。一句微笑着说出口的轻松评论,一个表示鼓励的落在后背上的巴掌,到了屏幕或纸上就会显现出不同的意味。往好了说仅仅是幽默感消失,往坏了说可能会造成冒犯。

· <u>学会自嘲</u>。要知道,你犯的某一个错误,你做的某一个决定,或者某个具体的情形并不会影响你的声誉、你所受到的尊重、你的自我职业发展或未来。

· 练习在他人面前小小地自嘲一番。比如通过讲述一些你自己的小故事来承认你的一些错误、判断失误或错误决定。你很可能会发现，别人对你的评价不仅没有降低，反而升高了。他人对你的钦佩和欣赏很可能会因为你愿意展现出真实的一面而有所增长。

· 允许他人并无恶意地嘲笑你的错误。如果有人开你的玩笑，这时不要太认真。你可以放松下来，一起享受其中的快乐。你的反应也会给别人树立榜样。不要假定对方有恶意，除非你有证据证明，对方就是要让你难堪。（如果是这样，你可以私下找对方谈谈，搞清背后的原因。）

下面这句话改写自一条古老的德国谚语，"人们通过展现他们觉得什么有趣、什么无趣来表现他们的性格"。笑声能够展现、连接、扩大你作为领导者的影响力。

18. 速度：高质量沟通者的新目标

> 习惯认真聆听下属的想法，即使是坏消息也能容纳的领导者将在获知信息方面占据主动。你至少要拿出你与上级沟通时的相同程度的谨慎和关注去与下属沟通。
>
> ——贝尔克（Loren. B. Belker）
> 保险业高级管理者，作家

目前，96% 的智能手机用户表示他们很少或从不关机。用户期望与社交媒体中的朋友、家人或同事保持联系。随着各种工具和应用程序不断涌入市场，人们每隔 20~30 分钟就可以通过表情包或信息与外界联系一次。

在社交媒体上，人们预期的回应时间一般是 0~4 个小时。企业的回应速度一般有多快？根据社交媒体专家和知名博主的各种研究，这一时间长达 10 个小时。这太令人失望了。

然而更重要的是，同事和客户希望自己的电子邮件或短信能够得到即时的回复，这一点也不奇怪。可是，盖洛普对 1000 名德国员工的调查却显示，对于他们的管理者会在 24

小时内回应电话或信息这一命题，只有 60% 的受访者表示强烈同意。所以，大约有 40% 的人必须在当前的项目上保持"停顿模式"，等待回复。

你是否有过这样的经历？在推进某项工作之前，你一再等待上司给予回应？如果答案是肯定的，你就知道效能为什么会低下了。团队成员想要知道，你已经收到某个重要的报告或建议，并且将迅速回应他们，无论是同意、不同意，还是想要了解更多的信息。

作为团队领导者，你需要跟你的团队讲清楚，你们团队的标准响应时间是多久。是 4 小时、8 小时，还是 24 小时？这个标准有例外吗？如果有的话，例外是什么？一旦你传达了标准，就要遵照标准行事。

缓慢的回应有多种含义，其中大多是负面的：

- 你工作太多，已经处理不过来了。
- 你不知道该如何决策或行动。
- 你做不到及时了解信息。
- 你的管理存在问题。
- 对你来说，这件事、这个决定、这个项目不重要。
- 你还需要认真考虑才能做出回应。
- 你还需要搜集更多信息才能做出回应。

战略思考的很大一部分涉及分辨重要事项与普通事项，

第二章
活跃的网络让你免于价值缩水

建立高效系统处理日常事务,优先处理重要事项而非紧急事项。

沟通效率低下的常见时间管理错误是把"紧急"事项的处理排在重要事项之前。这些领导者把有截止日期的事项当作"紧急"事项,无论它们有多么不重要。比如保留广告空间,回电话,就同事查询某一信息进行回复。但是,由于"紧急"事项数不胜数,所以,他们从来都完不成真正重要的事情。完成一个高优先级的重点项目可能比完成七个"紧急"任务更有价值。

有时,仓促反应会因为数据不全或数据错误而使决策质量堪忧。如果你需要更多的时间考虑,你只需向发信人确认,你已经收到了他们的消息,并且会在以后或某天之前详细回复。

<u>速度已经成为高质量沟通的最新指标</u>。然后,把重要事项排在紧急事项之前。最后,同时加快处理重要事项和紧急事项的速度。一切事项都需要交代清楚。

小错误可能会造成大损失。

19. 道歉：强调问题如何解决

> 意识到自己犯错时，最好立即改正。早承认比晚承认好。
> ——丹·海斯特（Dan Heist），丹尼尔·席尔瓦（Daniel Silva）
> 电影中的虚构人物

如果公众可以从政治家、专业运动员和名人那里学到什么东西的话，那就是，当你犯错的时候，请及时、真诚地道歉。道歉后，那些喜欢你的人会原谅你。而如果不道歉的话，那些不喜欢你的人就会赶尽杀绝，直逼得你走投无路。

如果个人或组织拒绝为错误、误判或其他惹人不悦的事情道歉，他们就会不可避免地为自己的不当回应遭受惩罚。任何情况都可能在几分钟之内引爆网络。即使他们最终道歉，这中间的延迟也会引发疑问：他们到底是由衷道歉，还是迫于压力而为之呢？

在我多年前开办的一场关于客户服务沟通的培训当中，听众里一名来自一家大型石油公司的经理说："上面特别不

第二章
活跃的网络让你免于价值缩水

允许我们这个部门道歉。"由于他说过,他是这个负责为客户服务部门撰写所有答复的部门的主管,我于是打算进一步了解情况。

据他的上司所说,他们绝对没有给这名经理下过这样的指令。公司没有不道歉,不为错误承担责任的规定。来自资深律师团的这条意见是说,不要在没有与律师团协商的情况下对涉及人身伤害或财产损失的情形承担法律责任。不过,这名经理的话还是揭示了人们对道歉的一种常见的误解:道歉并不意味着你要承担引发问题的责任。道歉只是说,你对某一种情形、事件或结果表示歉意。

要想起到效果,道歉应当迅速、真诚、具体,还要强调问题如何解决。

· **迅速**。如果人们已经在要求道歉,道歉就可能已经晚了。这时,错误引发的关注已经超出了最初的范围(个人、团体、组织、客户),开始了病毒式的传播。这时,如果你道歉的动作越迅速,你就能越早地在小道消息中加入对你有利的信息。

· **真诚**。谦卑总是胜于骄傲。如果你不了解自己造成的问题或痛苦,那就尽快调查,找出事实。听取他人从自身角度对事情的描述。虽然你可能会说,你们的怠慢或冒犯是无意的,但你还是要了解对方怎么看。

· **具体**。永远不要做公式化的道歉。比如,"对于可能给您造成的任何不便,我们深表歉意。"或者,"感谢您耐心等待我们调查此事。"第一种表述把问题造成的影响缩小了。"不便？""可能给您造成的？"这么说只能表现出道歉人对问题的轻描淡写。第二种表述（感谢您耐心）武断地假设对方是耐心的。这两种表述既没有体现出道歉人对具体问题的了解，也没有表达出道歉人对所造成伤害的理解。

<u>道歉人应当具体地描述发生了什么，以及为什么会发生这样的事情。如果你还在调查，那么就告诉对方，你们正在调查，同时说明何时会报告进一步的信息。</u>

·<u>强调问题如何解决</u>。对方最为在意的事情是你打算如何纠正问题。通常，你要做的只是承认你的错误、不周或疏忽。低下你高傲的头，为你的错误承担责任，真诚地表达你的歉意。在其他情形当中，你可能需要采取具体的措施来修正错误。比如提议重新安排会议，重新商谈截止期限，重新撰写先前导致了冒犯的电子邮件，对有争议的订单给予批发商额外的折扣，从本部门临时调派人员补充人手，安排会议讨论问题，或者引荐能起到帮助作用的其他人。

总之，你需要做一些事情来让事情朝好的方向发展。

有时，保持战略合作伙伴关系或内部客户关系完好无损也有助于你具体地、真诚地、快速地、附带解决方案地表达歉意。

20. 人际网络：活跃的网络让你免于价值缩水

> 交际的筹码不是贪婪，是慷慨。
>
> ——基斯·费拉齐（Keith Ferrazzi）
> 作家，管理顾问

事情很可能是这样。你从聚会、社交活动、贸易展览或会议中带回一堆名片。你把名片摊在桌子上，然后问自己："这个人是谁？我为什么要关心他？"

你不想在别人眼里成为这样的人。你想要实现的是：你从人群中脱颖而出，从而能够让其他人回忆起与你的谈话，并且一开始就把你当作重要的联系人，以至于当你需要打电话向他们咨询某个问题的时候，他们能立即知道你是谁。做到这一点有多难？

你可能想要看看自己能想起哪些人。回忆你最近参加的三次社交活动，回答下面的问题。这里的社交活动指你专门为了结交专业人士而参加的活动。你在那里讨论某个话题，庆祝某个事件，学习新的知识，聆听他人演讲，或者介绍你自己的产品或服务。这些活动可能是贸易展会、行业会议、公民会议或假日聚会。

- 估计同时参加了三次活动的人数有多少。_____
- 在这个总数当中，你记得跟多少人单独聊过？_____
- 在与你单独聊过的这些人当中，你能记起多少人的名字？_____
- 在你能记起名字的这些人当中，你对多少人比较熟悉，以至于你可以将他们引荐给某个感兴趣的客户、供应商或朋友来促成可能的合作？_____

如果你对最后一个问题的回答是"不多"，那你就会明白，让他人记住自己并保持活跃的人际关系真的不是一件容易的事。

为何要让职业人际网络保持活跃

销售人员知道，他们带到谈判桌上的不仅仅是他们的销售技能。事实上，财务顾问也经常提到他们能带给新雇主的客户资源，这些客户仿佛就装在他们的公文包里。在职场当中，无论是销售人员、人力资源人员还是工程师，你的职业人际网络都是你和你的组织的重要资产。

首先，职业人际网络对你个人有很多好处：

· 验证和讨论新趋势的行业内资源。
· 获得信誉稳定、价格合理的供应商的推荐，不必经历针对供应商的漫长的审核过程。
· 招聘最佳求职者。
· 获得已经经过他人测试、需要快速投入使用的设备、软件和项目管理流程的推荐。
· 获得高质量的训练课程或演讲者的推荐。
· 无须经过长时间摸索，快速解决问题。
· 有利于在调动工作时寻找职位，无论是内部调动还是外部调动。

其次，你的职业人际网络对你的组织也有好处。你越多动用你的人际网络搜寻信息和潜在客户，你为雇主省下来的钱就越多。无论你是什么职位，你的组织都希望你能保持活跃的人际网络。

你的职业人际网络应该包括哪些人

当然，这取决于你自己和你在哪里工作。但大多数专业人士都希望下面这些人进入他们的职业人际网络：

- 独立的或者属于其他组织的行业专家和顾问
- 来自其他部门、事业部或区域的同行
- 服务于你所在行业的供应商
- 友好的竞争对手
- 客户机构的联系人（三级联系人，包括你的联系人、联系人的上司，以及联系人上司的上司）
- 你的组织内部的联系人，向上两级，向下两级
- 一位技术专家
- 一位营销专家
- 一位社交媒体专家
- 一位律师（通才）
- 一位知识产权律师
- 一位财务顾问
- 一位注册会计师和税务专家
- 一位房地产经纪人
- 一位医生
- 一位心灵导师

你会注意到，这个列表的后面越来越个人化、私密化（从知识产权律师到心灵导师）。当你需要在伦理、健康、投资、薪酬结构、减压、个人关系和生活平衡方面做决定的时候，你就会需要你的职业人际网络里的这些人。显然，所有这些个人问题都会影响你的职场生活。

如何让你的职业人际网络保持活跃

对方的名字在你的数据库里,或者你有对方的手机号码,这些条件并不能证明对方在你的人际网络中是活跃的。问题在于,他们能否在早上 7 点钟接听你的电话,或者至少在 48 小时内回复你的电话或电子邮件?如果不能,他们就处于失活状态。那么,你怎样做才能让他们保持在活跃状态呢?

・服务。付出你的时间。跟他们互动,他们才能记住你的名字。做志愿者。参与慈善事业。

・提供资源。发送他们感兴趣但又可能注意不到的特定种类的文章、博客链接、书籍或电子杂志。提供你认为他们会感兴趣的数据。

・做介绍人。我有两位同事经常为我介绍他们觉得能够从我的辅导中受益的人,至少每月一次。而且,他们也会介绍其他人过来。对他们来说,"网络介绍"已经成为习惯。

・做倾听者。偶尔打电话询问对方的情况,然后倾听,真诚地显示出你的兴趣,并且为对方出谋划策。今天的人们已经很少打电话,他们会感激你对他们的关注——前提是,这种关注考虑的是对方的利益,而不是你自己的利益。

你最大的危险：价值缩水

根据美国联邦法律，如果三年内没有交易发生，银行账户将进入休眠状态，资产也将收归国有。如果少了活跃度，你的投资组合的价值就可能大幅缩水，甚至归零。

同样地，由于缺少活跃度，你的联系人组合的价值也可能失去部分或全部价值。那么，你如何才能知道你的人际网络已经开始走下坡路了呢？

- 邀请你发表意见或建议的电话减少
- 找你做介绍人的请求减少
- 社交媒体参与度下降
- 同行不再转述你的看法（没有在各种会议中提及）
- 出席大型会议的邀请减少
- 参加社区、行业活动或庆祝活动的邀请减少
- 媒体要求采访的数量下降

随着这些联系越来越稀疏，在专业领域内听到你名字的人越来越少。随着人们跳槽进入其他公司，你也逐渐与你的人际网络断了联系，因而无法再获得各种信息、顶尖人才和行业趋势。

领导者要了解活跃的人际网络的战略重要性。保持有意义的沟通，维护你的人际网络，扩大它的规模，增加它的价值。

第三章
永远看重下一次合作

★ 职场如生活,你不是因应得而得,而是因谈判而得。

——切斯特·卡拉斯(Chester L. Karrass)

谈判专家,作家

★ 经常要求,大胆要求!你能听到的顶多是"不行",或者"现在不行"。

——林达·斯温德林(Linda Swindling)

作家,律师,谈判专家

★ 要想大量收获,首先做好大量损失的准备。

——佚名

21. 制胜关键：自称让步的人往往占据有利位置

> 自称会让步的人常常已经占据了有利的位置。
> ——奥兰多·巴蒂斯塔（Orlando A. Battista）
> 化学家，作家

我们每天都在为了工作和生活的事情而谈判，比如，人与人之间的分歧、项目截止日期或交货期限、旅行和度假套餐、损坏商品的折扣、房贷利率或租金、加薪、工作责任和家庭责任等等。这类谈判大多是常规事务，不需要太多的战略思考。而另一些谈判则需要认真考虑，因为它对你的影响非常重大。如果实际情况确实如此，你就要在展开任何严肃讨论之前做好准备。

第 1 步：确定主要的长期目标。你是否正在为了分销所有产品而努力与 A 组织建立战略合作关系？你想获得来年为本部门增加三名员工的授权吗？你希望公司为你提供三个月的带薪假来完成某项脱产培训吗？

第三章
永远看重下一次合作

在确定主要的长期目标的时候，你可能会发现，有些目标易于测量（在未来两年内提价15%），而有些目标较为模糊（提升客户满意度）。如果目标难以测量，你就可以设定一个范围：你期望达到的最好的结果是什么？只要做到哪一步，你就觉得已经成功了？

第2步：确定你的近期目标。在完成长期目标之前，你要首先确保迈出第一步。确定临时性的小目标，越明确越好。如果你的目标是要让某个组织成为你们的医疗保健用品的常客，那么你的小目标就可以是让对方至少购买一种你们的产品。

第3步：确定锦上添花的目标。想一想，在谈判当中，你还想提出哪些对你有价值的要求？通常，对方会很乐意把在他们看来价值有限或没有价值的东西提供给你。不过你要记住的是，当你提出这些要求时，对方（如果他们是经验丰富的谈判者）也会要求得到相应的回报。

第4步：确定你可以提供的价值。列出对你来说价值不大，但是对方可能会觉得有价值的东西（包括有形资产和无形资产）。当然，你必须仔细研究对方，这样你才能知道，对方可能对什么东西感兴趣（例如更快的交货时间、更优质的担保、定制功能、无须预付款）。做好准备，用这些"让步"来交换你想从对方那里得到的有价值的让步。

第5步：设置你的底线。永远不要在谈判中认定你必须达成协议。如果你真这么看，那就输定了。把自己陷于绝境，结果只会是灾难。在开口之前，你要了解自己所能接受的最低条件。当讨论无法满足这一最基本的条件时，你就可以放松地离开谈判桌，等待下一次机会来临。

想想下面这个体现了以上五个步骤的例子。假设你的公司想要聘请一家咨询公司来为即将召开的营销会议"制订沟通计划"。在为期三天的会上，来自世界各地的潜在客户将详细了解你们公司的最新产品和服务。咨询公司将负责培训所有论题专家来设计和实施各种主题演讲活动和分组会议。

第1步：确定主要的长期目标。

·使我们的行业专家能够在一年一度、为期三天的营销会议上以极富魅力的方式呈现精彩绝伦的内容。

第2步：确定你的近期目标。

·与最受信任的沟通类咨询公司签订协议，以此来帮助我们的演讲者以各种形式和风格设计、准备和实施各种主题演讲活动和分组会议，为参会者创造独特的学习和消费体验。

·让咨询公司为我们的项目分配最优秀的咨询顾问。

第3步：确定锦上添花的目标。

·商谈合理的价格。

·要求咨询公司为我们的项目调派他们的几大名牌顾问。

·要求咨询公司在项目开始前先对我们的潜在客户进行调查。

第4步：确定你可以提供的价值。

・会议日期和对论题专家的培训日期可以灵活安排（允许对方利用淡季安排工作）。

・用我们自己的人员担当行政工作，并且使用我们自己的场地，省去咨询顾问通常必须处理的许多琐碎的协调工作（可以帮对方节省10~15个小时）。

第5步：设置你的底线。

・整个项目的最高预算为7.5万美元。

・对方派出的顾问人选须经我方同意。

做计划或许不需要太多的文书工作，但它确实需要深思熟虑。

疏于准备必然导致你得不到想要的结果。事先略做筹划就可以大大增加谈判成功的机会。

22. 制造机会：关注一致而非分歧

> 在谈判中，明智之举是彻底抛开个人情感。剥离个人感受能让你更客观地看待机会。
>
> ——布莱恩·科斯洛（Brian Koslow）
> 企业家，投资人

具有战略眼光的谈判者能够从平庸的谈判者当中脱颖而出。下面的沟通习惯有助于你通过谈判促成有利的合作伙伴关系，签大合同，获得快速提升，以及解决令人烦恼的冲突。

· <u>战略谈判者完整地听取对方的想法。</u>平庸的谈判者认为自己知道对方接下来要说什么，所以经常打断对方，从而遗漏了大量的信息。

· <u>战略谈判者保持专注。</u>平庸的谈判者常常导演自己的失败。他们很容易受到电子设备或他人的干扰。他们一心多用，注意力不集中，于是再次错失有助于谈判的关键信息。

· <u>战略谈判者就他们听到的内容做笔记。</u>平庸的谈判者自以为能记住所听到的信息，很少做笔记供日后参考。

第三章

永远看重下一次合作

战略谈判者寻找一致。平庸的谈判者倾向于寻找分歧,并试图说服对方。他们将谈判视为"我们"与"他们"之间的斗争,并且把劝说用作主要的谈判工具。

· 战略谈判者寻找互惠的机会(共同的朋友,推荐,介绍)。战略谈判者全方位分析来自所有方向的信息。平庸的谈判者不是接收不到这些细微的信息,就是认为它们无关紧要。他们的关注范围非常狭窄。

· 战略谈判者通过询问了解对方的目标、需求、关注点和达成一致的阻力。平庸的谈判者侧重于阐明和重申自己的需求、目标和关注点,不把对方的目标放在心上。

· 战略谈判者让对方先开价。传统智慧讲:"先开价者输。"如果对方似乎不愿意首先开价,你可以通过提问来引出对方的报价。"对于类似的服务,你们过去花了多少钱?""你们对这个项目有大致的预算吗?""你们过去为这项服务花了多少钱?""类似的产品市场上卖多少钱?""你们有没有做过价格方面的调查?""你们的财务安排是什么样的?"

如果你们的谈判涉及财务以外的其他要求,你仍然可以鼓励对方首先提出要求。"你们计划这个项目什么时候完成?""你们有具体的交货期限吗?""你们需要解决所有关键的供应困难吗?"

平庸的谈判者根据以下理念行事。"我们把这项交易完成(或者把这个问题解决掉)。行就行,不行就算了。"

- 战略谈判者不会被巨大的数字所蒙蔽。他们充分分析这些数字，评估长期的需求和潜在机会。但是，这一大笔资金却会让缺乏经验的谈判者眼花缭乱，他们没有评估长期风险和收益的习惯。

- 战略谈判者把目光锁定在他们真正想要的几个关键事项上。平庸的谈判者纠缠于琐碎的细节，为了一些不重要的事项斤斤计较。结果，他们从谈判桌上带走的只是一长串微不足道的"战绩"。

- 战略谈判者不相信对方"没有例外"。他们知道一切都可以协商——只需提供价格。平庸的谈判者常常会接受"没有例外"的说法，从而放弃提出自己的需求。

战略谈判者在下结论前会通过提问验证自己的理解。平庸的谈判者武断地认定对方需要什么、能做什么、不能做什么，并且据此仓促地得出结论。

- 战略谈判者善于解读身体语言。他们也关注目光接触、面部表情和做记录的动作。平庸的谈判者较不注重身体语言，无论是他们自己的或是对方的。他们的注意力主要集中在语言层面，所以往往会遗漏大量可能表示立场或共同点发生改变的重要信号。

- 战略谈判者安于沉默，多闻少言。平庸的谈判者们喋喋不休。他们说得多，听得少。一边释放了大量的信息，一边却没能得到他们需要的信息来提出要求或做出可靠的决定。

- 战略谈判者保持冷静和克制,即便对方已经暴跳如雷。他们是自己情绪的主人,保持积极的语气和正常的音量,避免使用负面的身体语言(例如翻白眼和得意地笑)。平庸的谈判者容易激动,情绪化,最后只能悔不当初。

(当然,在许多谈判当中,谈判双方派出的是完整的谈判团队,而不仅仅是一个人。但是,由于这本书着重讲述个体的领导者,所以这里只列出了适用于个人情形的指导原则。如果你想进一步了解谈判的各种策略和陷阱,那就可以读我写的《这样沟通最有效》。)

除去事先计划和合理安排,使双方实现持久互惠的战略谈判者还拥有技能和耐心,这两点有时是非常不容易具备的。

23. 谈判：永远看重下一次合作

不要提高嗓门，提高说话水平。

——佚名

在每次的谈判当中，你的表现都要像是未来会遇到基于当下关系的更重要的机会一样。

如果不能遵守这个原则，结果就可以解释，为什么许多企业兼并活动在最后一刻归于失败。由于自身在整个谈判中所受到的对待，谈判中的某一方或双方仍然对对方缺乏最基本的信任与尊重。所以，出现这一类失败并非偶然。

由于这个原因，你要尽可能地避免使用"谈判"一词。对很多人来说，这个词意味着最后的结果是一方赢，一方输，或者最多也只是双方之间的妥协，也就是说，双方都不会完全满意。根据具体情形的不同，你或许可以使用下面这些表达方式："达成了一致""做了安排""确定了可行的工作计划""创造了双方都乐于接受的合作方式"，或者"为未来的项目合作搭建了可行的框架"。

第三章

永远看重下一次合作

在注意措辞之外,你也要深入思考你的核心谈判理念。要摧垮对方?要不惜一切代价赢?必须谈成,否则就完了?受到对方诱导,同时竭力维持某种形式的安排?你的谈判理念常常影响你的措辞,而你的措辞又常常塑造最终的结果。

你对谈判结果的态度将影响你与所有参与者的个人关系,影响谈判结果的实施和所有进一步的接触,同时也影响未来合作的意愿。战略沟通者都知道这一点。

见到优秀的谈判者时,你会立即辨认出这一态度。我在自己的经营活动中就遇到过两位这样的优秀谈判者。

吉恩(Gene)从前是壳牌石油公司的副总裁,也是当时一家高科技软件公司的首席执行官。他来找我购买我的一些知识产权的使用权,用于线上培训课程。在我们第一次面谈的两个小时里,他的所有问题实际上都在问:"你想从这一安排中获得什么?"在我们长达二十多年的合作历程里(包括合作开发的五个产品系列),这一关系基点从未改变。

在这些年当中,尽管随着技术和交付方式的改变,我们的合同不得不做出修改,但我始终把谈判的成功归结为吉恩和其他公司所有者所具有的目标——互惠互利。每一次变更合同,他们都会来问我:"怎么做对你更方便?""你要不要详细检查每个项目以便把控质量?""你要不要参加这个贸易展?"

同样的事情也发生在多年前与"大英百科全书"的谈判当中。一开始,对方的一位副总裁出席了我的一场主题演讲。

随后，这位副总裁邀请我吃早餐，以便我与另外几位团队成员会面，共同讨论授权使用知识产权的可能性。在我们开始接触后的一整年里，对方都是在让他们的客户评估我的材料：这样的内容合适吗？是否适合你？你觉得布赫的系列产品怎么样？

一旦大英百科全书收到了自己客户的签名，他们就开始与我商谈签订合同。然而，他们的态度同样是："我们如何帮助你发展业务？对你有好处的事情对我们也有好处！"在我多年来撰写其他书籍的同时，他们也大张旗鼓地进行庆祝——举办签售会，向他们的客户介绍书籍，把我的书籍包含在他们的邮寄目录里，以及邀请我在他们的展销会上签名售书。当我针对其他产品说出新的想法时，他们的回答也往往是："好的，就这么做！"

二十多年来，直到大英百科全书公司的培训部门出售，我们之间一直是战略伙伴关系。这在很大程度上要归功于大英百科全书公司的谈判者所具有的互利共赢的精神。

战略谈判者的思维模式很像专业销售人员的思维模式。正如销售人员不是在做某一单生意，而是在长久地维系某一名客户一样，战略谈判者也不是在促成某一次的成交，而是在维系一种长期的合作关系。即便你很可能只会和对方谈判一次，你的谈判风格和态度也会传扬出去，使你在组织和行业里获得这样或那样的名声。随便找一位销售经理、法庭律师或公民领袖询问，你都能验证这一点。

第三章
永远看重下一次合作

我们所做的一切都是为了下一次,以及再下一次的机会。这就是为什么在谈判过程当中,经验丰富的谈判者总是尽力去赢得人心(而不只是做交易)。

第四章

精练的语言使人专注

★ 任何聪明的傻瓜都能让事情变得更膨胀，更复杂，更暴虐。人需要一点天赋，以及很大的勇气，才能让事情走向相反的方向。

——阿尔伯特·爱因斯坦（Albert Einstein）

发明家，物理学家

★ 仅凭事实很难说服人，启发人。

——博伊德·克拉克（Boyd Clarke）和

罗恩·克罗斯兰（Ron Crossland）

经管图书作者和管理顾问

★ 如果你能忘记自己和自己的恐惧，为了沟通殚精竭虑乃至忘我，你就会成为一个优秀的沟通者。

——佩吉·努南（Peggy Noonan）

罗纳德·里根总统的演讲稿撰写人和特别助理

24. 说服：双向沟通而非单向灌输

> 你的举止、言谈和外表决定了你的领导者风范。
> ——西尔维娅·安·休利特（Sylvia Ann Hewlett）
> 作家，顾问

你可以像看待健康状况或智力水平那样来看待你的个人形象。想一想，在从患病到健康、从难看到好看、从无知到天才的标尺上，你都处在什么位置。我们总能在适当的范围内改变这些位置。

每当我在演讲过后问观众，领导者风范这五个字能让你想起哪些技能、特征、态度、性格或习惯的时候，我总是反复听到同样的 25~30 项特征。在我写的《聚能量——迅速提升风度和声望的赢家法则》（*Creating Personal Presence*）一书里，我把这些特征分为了以下四个类别。

- <u>看上去怎么样</u>：身体外观，包括身体语言、衣着、配饰、打扮；能量，激情，精神；所处环境，比如他的办公室。
- <u>怎么说话</u>：讲话方式和音质；体现态度的语气；词语的选择和语言的运用；与人交谈的能力；情绪反应和情

绪爆发。

- **怎么思考**：战略思考、总结概括的能力；连贯地组织想法的能力；形象思维能力，运用故事、类比、比喻和简短引述进行沟通从而使信息清晰、生动难忘的能力；在压力下迅速反应的能力。
- **怎么做事**：一贯正直行事；愿意倾听他人的想法；与他人相处融洽；平易近人；真诚；出自谦虚而非傲慢的体贴和礼貌；幽默；有能力，对结果负责任。

在演讲当中，你的四类特征都会浮现出来，前三类尤其明显。不过，你的做事方式也会影响听众如何看待你，回应你，以及他们是否会相信你。听众会判断你是否坦率、容易接近、谦逊、有能力和可信——不是在正式演讲期间，就是在问答期间，或者是在活动之前或之后的互动中。

对我辅导过的客户来说，他们在与下属和同行的沟通中反复会遇到四个常见的问题。如果下面的情形你听起来很熟悉，那么相应的提示就可能对你有帮助。

迷失在细节中

这些领导者经常承认他们无法简明扼要地总结重点。他们解释说："我是从一线员工升上来的，所以我是搞技术的，总是习惯知无不言，言无不尽。"或者，"我喜欢面面俱到。

我可搞不清上头需要哪些信息来做决策。"或者，"我想给别人提供选择，而一切往往都有利有弊。"

解决这个问题的办法是：试想你在听语音留言。你希望先听 3 分钟的背景介绍，然后才听到重点吗？还是说，你更喜欢来电者一句话把问题说明白，然后再讲必要的细节呢？

用一两句话把事情说完。如果上司或客户想了解更多的细节，他们自然会问。

"单向灌输"，而非"双向沟通"

有些领导者不知道该如何跟一大群人讲话。在小范围的谈话中，他们表现很好。但是一旦面临一大群人，他们就不知所措了。尽管他们知道自己想传达什么信息，但是对于如何做到这一点，他们却一无所知。

简而言之，你可以通过换一种方式看待演讲来改变这种情况——把演讲当作小范围的谈话，只是与许多人同时进行而已。无论会场里有多少人，你都可以想象自己只是在和三个、五个或者七个人说话。实际上，你可以在会场的不同区域选择三五个人，只与他们对话。过后，你可能会惊讶地发现，同一区域里的其他人也都认为你是在跟他们说话，而不只是你选择的那几个人。

不要一直盯着所有的人，进入"演讲模式"。如果你这么做了,你的话听起来就会像是在教一群三年级的孩子。

"单向灌输"示例

- "完整参加为期两天的会议,如果你想获得所有益处的话。"
- "我会大概地讲述我们在慈善捐款方面的做法,然后回答问题,如果时间允许的话。"
- "公司经历了困难时期,但是困难最终能让人和团队变得更加强大。"

"双向沟通"示例

- "我建议你完整参加为期两天的会议,以便获得所有的益处。"
- "请允许我大概地讲述我们在慈善捐款方面的做法,然后看看你们有什么问题需要提问。"
- "我们经历了一些困难的时期。但是我想,这些困难能让我们这个团队变得更加强大。"

懒散，无精打采

一些领导者误把"双向沟通"理解为懒散和无精打采。他们想借此来消除严肃感，体现亲和力，可是最终却给人留下了准备不足和缺乏领导者风范的印象。作为领导者，你需要借助你对你所传达的信息与目标的兴奋和热情来感染听众。这一点并不必然与平易近人相矛盾。这种非正式的风格意味着你可能会：

- 与听众互动。
- 通过言辞和开放的身体语言鼓励提问。（"你们有什么问题？"而不是，"有问题吗？"）
- 向听众询问支持你观点的例证。
- 让听众代替你回忆，总结你的谈话要点。
- 要求他人思考并说明他们打算如何实践你的想法，以此来让你的观点深入人心。
- 让他人充当你故事中的主人公。
- 四处走动，与观众充分交流。别僵在一处。
- 保持旺盛的精力。声如洪钟，动作有力。

如果你想进一步了解如何用打动人心的方式发表演讲或做报告，你可以阅读我先前写的书《自信演说，自在表达》（*Speak with Confidence: Powerful Presentations That Inform, Inspire, and Persuade*）。

第四章

精练的语言使人专注

在困难问题前败下阵来

没有什么事情比轻松地、令人信服地处理棘手问题更能彰显领导者的才华了——特别是在向一屋子高管提出建议的时候。然而,在我们对来自多个行业的各个层级的专业人士所做的调查当中,自称缺乏这一技能的被调查者是最多的。为了应对这种有意为难或者强迫你做出选择的问题,你需要提前做好准备。当然,你不可能就具体的问题做准备,但你可以做好心理上的准备:

· 预测与你的演讲或报告主题有关的潜在敏感问题,以便提前做好准备。

· 为自己争取几秒钟的思考时间,避免给出不成熟的回答(比如喝一口水,从讲台的一头走到另一头,请对方详细解释问题,先让别人就这个问题发表意见)。

· 首先给出所有人都会同意的宽泛概括,然后进一步说明你的观点。(例如,"我知道,我们都想看到这些慈善事业获得发展,能够帮助有需要的人。但是由于各种各样的原因,要想确定适当的捐献额度可能是非常困难的……")

永远不要让自己的职业生涯陷入停滞。每一次讲话都是展示主旨和风格的战略机会。

25．演讲：不做面面俱到的报告

搞清你要说的事情再开口。

——爱比克泰德（Epictetus）
希腊哲学家

在我们的职场文化中，领导者很少只是发号施令，告诉人们去哪里、做什么。相反，他们要走到人群中间，把事情解释清楚。这里的人群可以是他们自己的董事成员、管理团队，可以是客户的管理团队，也可以是项目团队、自己的下属或公众。就算是总统，有时也得直接向选民做出解释，为某项立法获得通过争取支持。

如果你是营销人员、销售人员、工程师、医务工作者或财务顾问，那么你常常就会需要利用数据来解释很多事情。数据能帮你把事情说清楚。但是这一点的前提是，你必须把数据呈现在一个连贯的故事情节里。

但是，有些演讲者并不使用独特的故事情节来组织自己的想法，而是只满足于"大杂烩"式的简单铺陈。而且，听

第四章

精练的语言使人专注

众并不喜欢这种形式,就像我家十几岁的孩子不喜欢大杂烩一样。

"大杂烩怎么了?"我问我的女儿。

"我不喜欢把东西混起来吃。"

"嗯,它们到肚子里一样会混起来的。"

"也许是这样。可我仍然想分开吃。"

我们的争论一直没有解决。很多年前我就已经注意到,听众也不喜欢大杂烩式的演讲。不喜欢东一榔头,西一棒子。

最近,我的一个公司客户差一点就上演了这种大杂烩式的演讲。听了客户对来年经理年会的演讲预演后,我发现他们的管理团队并没有说出任何新鲜的东西——来年只是"一切照旧"。

所以我问:"好,有什么新信息是你们想要在会上传达给你们的团队的吗?"总裁和四位副总在会议桌前面面相觑。几分钟后,终于有几个人抛出了一些想法,可惜也全都被其他人否定掉了:"不,我觉得这不是我们想要传达的信息。"

我等待他们达成一致。最后,听他的副总裁们讨论了20分钟之后,总裁对我最初的问题做了初步的回应:"我认为,我们今年要传达的新信息是:'去年,我们达到了把市场份额提升8%的目标。但是,来年我们还能通过大力销售我们过去忽视的两个产品系列进一步提高市场份额。'"

"那真的是我们想说的吗?"销售副总裁再次发言,"我之前还以为开这个会是为了具体报告我们的产品在不同地区的销售情况呢。"

"嗯，"运营副总裁说，"那么为什么你要让我详细报告我们如何提升了第七区的客户服务呢？"

接着又是半小时的讨论。在搞清楚他们真正想要实现的目的和真正想要传达的信息之后，他们意识到，他们准备的演示文稿和幻灯片中完全没有相应的内容来传达这一信息，来有效地激发他们的销售团队去销售那两个被忽视的产品系列。

我希望以上场景只是个案，但事实并非如此。这种"大杂烩式的演讲"相当普遍。

你可以运用下面这些技巧来把数据嵌入某个具体的故事情节里，以此来让你的想法变得更清晰，更令人难忘。

· 确定你要讲的故事。然后只选择那些能够让你的想法变得更加清晰、可信、给人留下深刻印象的数据。像电影编剧那样思考，他们不会去写某一个角色每一天的生活，他们只会选择一部分关键场景来写。比如男主人公遇见女主人公，男主人公失去女主人公，男主人公中了彩票，男主人公得到女主人公。首先设计好你的故事情节，否则，不要制作任何幻灯片，或者不要在幻灯片里填入任何数据。

你可以在会议室桌子上用便签"设计"故事，简单地列出关键的主题，或者使用创意之轮（你可以在我写的《自信演说，自在表达》一书中找到有关的例子）。先把故事的骨架搭好，再丰富细节。

· 搞清演讲的哪个部分需要数据支持。就像小说家对角色的理解比小说最终呈现的更加丰富一样，你通常也会有大量的数据可供使用。这时，你要带着挑剔的眼光谨慎使用数据，否则听众反而记不住任何内容。

·你的报告不是用来说明情况，就是用来说服他人，并不一定需要面面俱到，你要注重的还是故事情节。听众是谁？他们最想了解哪些信息？他们已经知道哪些信息？（不要重复讲述！）他们会如何使用你的信息？在设计故事情节和选择所需数据的时候，你应当考虑这些问题。

·寻找能把事情说清楚的概念和片段。例如，我在国防领域工作的时候，我见过有工程师在 20 分钟的报告里使用了 60 张幻灯片。但是，其中可能只有 8 张幻灯片真正说明了由某个残次零件导致的 12% 的废品率。而且，工程师并没有必要用 8 张图来显示哪个生产环节出了问题，他只需提供一个数字加一张图，或者连图也不用加。

如果工程师想要强调导致了高废品率的生产环节，他只需用一张图显示那个导致了 98% 的问题的环节，同时标明造成了多少美元的损失和 12% 的废品率。这一张图就能把整件事情说明白（需要解决什么问题以及为什么要这样做）。

无论你在准备演讲、媒体采访、与客户会面、向上司提建议，还是打算劝说足球队老板投入资金改造足球场，你都要突出重点。找出你最想传达的点，接着通过添加支持性的数据来丰富你的故事情节。

随着故事逐渐展开，一切都会如你所愿。

26. 领导力：用故事主导一切

> 讲故事的人统治社会。
>
> ——柏拉图（Plato）
> 古希腊哲学家

讲故事已经不再是少数人才能驾驭的"艺术"。跟写作、演讲和沟通愿景一样，讲故事已经成为一种基本的领导技能。作为沟通者，你需要挑选和创造打动人心的故事，把它们运用在报告、谈话和会议中，以此来传达重要信息，激励他人行动。

为什么要讲故事

听众想听你讲故事。听众是听着睡前故事长大的。如果他们是千禧一代或之后的人，他们早就养成了在智能手机上看电影的习惯。如果他们是千禧一代之前的人，那么他们也

第四章
精练的语言使人专注

广泛接触过各类书籍、广播和电视，因而大多也领略过伟大的故事讲述者的风采。

故事让听众身临其境。听众（配偶、员工、同事、供应商）会把自己当作故事中的主人公，他们试图解决问题，达成目标，并与主人公在情绪上产生共鸣。随着主人公战胜一个又一个困难，听众也会把自己沉浸于其中——至少也能体会到这些困难所引发的失望和沮丧。这样一来，故事讲述者就可以让自己的想法深入人心。

故事能够从多种渠道激发听众的情感。在描述场景和构建故事的过程中，许多细节都能激发听众的情感。这些细节有物理场景，包括人物、地点、事件和声音（对话、骚动、争论、笑声）。有情感场景，包括恐惧、退避、羞怯、嘲弄、尴尬、悲伤、爱恋、原谅。故事能够在听众和故事讲述者的想法或目标之间形成更深层次的情感联系。

故事给人完结感。与观众在电影结束后的感觉相似，听众在故事结束后也能感受到一种完结和满足的感觉。无论电影或故事的结局是悲是喜，结局终归还是结局，这一事实性的存在还是会借助人的理解深入人心。

故事强化记忆。由于故事结构完整，包含情感，引人关注，所以听众对它们的记忆要比对直接呈现的信息、概念或数据的记忆更加深刻而持久。故事更容易留在听众心中，因为故事总是有确定的组成部分——开始、过程和结局。

在世界各地引发广泛关注的知名演讲大会 TED 上，尤其强调故事的重要性。在这些持续 18 分钟的演讲中，人气最高的总是包含了这样或那样的故事，即便演讲者所谈论的是科学、数学等技术话题。例如，史蒂夫·乔布斯讲述了自己成功推出苹果产品的故事。沃伦·巴菲特讲述了关于他的投资策略和哲学的故事。有史以来最受欢迎的 TED 演讲者、创意专家肯·鲁宾逊（Ken Robinson）讲述了关于教育系统的缺陷的故事。世界各国的领导者讲述了关于他们如何取得成就以及将来要把国家带往何处去的故事。而且，这些故事中通常都包含有关情感和失败的描述。

诸如《哈佛商业评论》《福布斯》《华尔街日报》INC 月刊（INC）、《快公司》（*Fast Company*）、《成功》（*Success*）和《创业者》（*Entrepreneur*）等出版物会定期向各个公司的首席执行官征集他们的故事：你是如何创业的？你遭遇过什么样的挫折？从中获得了什么样的教训？你的成长过程对你的生活和职业生涯产生了怎样的影响？如果一切可以重来，你的生活和职业生涯会有哪些不同？为什么？你怎么理解领导力？你的领导力是如何练就的？

如果你已经认为，学会讲故事是成为战略领导者的前提，那么，为什么有些人讲的故事却不受欢迎呢？

- 把简单地陈述一件事当成是讲故事。
- 故事结构有问题。
- 没能用生动的方式讲述故事。

我们来逐一分析。

简单地陈述一件事不是讲故事

简单陈述的对象可以是某个事件或某个"生活片段"。它可以是悲伤的、好笑的、悲惨的、奇怪的,或者只是有趣的。例如,讲述某个客户服务代表对你的态度有多坏。讲述上回度假时你的配偶遭遇了多么可怕的滑雪事故。讲述你的上司第一次被解雇的经历,以及那次经历如何激励她创立了自己的公司。

相比之下,故事在文学上有正式的定义。你或许还记得英文课上这样讲过:故事是主人公努力战胜困难,达成重要目标的过程。这里的主人公可以是故事的讲述者,可以是隔壁的邻居,也可以是一个群体。(其他例子:主人公也可以是某个挣扎着以免破产的组织,甚至可以是某个无生命物,比如某个预算有限,却立志在市场上独占鳌头的新产品。故事的主人公也可以是某个努力证明自身价值,以避免在公司合并中被裁掉的小团队。)

妨碍重要目标实现的障碍可以是某个难伺候的上司、预算紧张、缺乏经验、犯了愚蠢的错误、被迫搬迁、家人故去、无意义的公司内部规定或恶劣天气,等等。

这里的重要目标可以是人身安全、成功发布新产品、健康的身体、良好的自我感觉、盈利、诚信、挽救公司、"做正确的事情"、增强自信、掌握新技能，或主人公希望在努力后实现的任何事情。

设计一个好的故事情节，听众会一路为主人公喝彩，直到路的尽头！

适当的故事结构

没人会把电视纪录片误认为是动作惊悚片或爱情片。当然，这些片子都是由一系列有关角色的镜头拼接在一起的，不过它们之间的相似点也就只有这一点了。纪录片有自己的典型结构。惊悚片有自己的典型结构。爱情片也有自己的典型结构。纪录片表明某种看法，但它不会用惊悚片或者爱情片的方式去"讲故事"。

典型的故事遵循一套基本的结构。

如果你经历丰富，你就会有大量的好故事。不过，你还需要留意观察才能学会熟练地驾驭故事。你要留意那些孕育了一流故事的情境和事件，接着再通过构建故事情节来分享你宝贵的见解。

故事的结构

主人公（田园牧歌）

↓

问题产生或灾难来临

↓

目标形成（主人公现在有了等待其实现的重要目标——而听众也关心这一目标）

↓

遭遇困难（为主人公实现目标制造了障碍）

↓

再次遭遇困难（进一步为主人公实现目标制造障碍）

↓

仍旧遭遇困难（进一步为主人公实现目标制造障碍）

↓

主人公实现目标（再一次田园牧歌）

注意：只要情况允许，不影响故事的真实性，不超出时间的限制，你可以尽情地添加各种困难来构建故事。

用正确的故事框架构建故事。

除非你过目不忘（大多数人都没有这本事），否则你就要在这些故事发生的时候记住它们。不过这并不是说，你要立即搞清楚怎样才能用最适宜的方式把眼前的故事应用到即将到来的演讲、会议、聚会或对话中，然后一鸣惊人。而是说，当奇怪的、有趣的或者有意义的事情发生时，你要把它记下来（比如用笔记下来，或者记在智能手机上，然后发邮件给自己），再起一个合适的标题，保证将来你能想起它来，最后再将它存入"故事"文件夹或日记里。（部长、拉比、牧师、教授、顾问和专业人士都在这样做。）

然后，当你遇到需要讲话、做报告的场合时，你就可以浏览文件，找出能支持你观点的故事。

用生动的方式讲述故事

故事失去威力的最后一个原因是讲得太平淡。<u>不管故事本身有多么精彩，如果你很少或者根本没有想过该如何构思、组织语言和讲述，你就可能浪费它。</u>你可以查看下面的清单来获得帮助。

下一次你需要激励团队，发起新倡议，或者鼓励人们去完成任务的时候，注意磨炼你的讲故事技能——选择一个真实的故事，设计适当的故事结构，并且用生动的方式来讲述它。在重要场合，一则精彩的故事足以成为掌声雷动和索然无味的分水岭。

生动讲述的检查清单

・<u>故事要引人入胜</u>。故事一开头就要吊足听众的胃口。让他们在心里说,"快往下讲"或者,"这是怎么回事?"(例如,"说距离产生美的人肯定都没跟汤姆做过邻居。")

・<u>用生动有趣的方式介绍主人公</u>。(这个人有什么不同寻常的特征能让听众一下子想起他的样子吗?)

・<u>填充重要的细节,帮助听众看到故事发生的场景</u>。

・<u>去掉对推动情节没有帮助,只是增加故事长度的多余细节</u>。

・<u>添加对话</u>。不要用转述的口吻告诉我们哪个人说了什么话。直接模仿人物,让我们听到他们的对话、争论、生气、误解和叫喊。

・<u>使用生动形象的措辞</u>。用具体代替模糊。不说"车",而说"2012年款雪佛兰皮卡"。不说"读杂志",而说"读只保留了购物页面的《达美航空杂志》"。

・<u>用妙语结尾</u>。(即使是严肃的故事也是如此,要有一个切中要害的结尾。)

・<u>只讲故事,不解释</u>。如果听众听不明白,那么你不是需要重新编排故事,就是应该换一个更好的故事去讲。

・<u>回到你想要强调的关键点</u>。从这些挣扎、失败和成功当中,你获得了什么启示?听众能得到什么启示?

如果不能生动讲述,再好的故事也白搭。

27. 简洁:精炼的语言使人专注

> 不要听众听完了,你还没说完。
> ——多萝西·萨尔诺夫(Dorothy Sarnoff)
> 歌剧演唱家,演员

你是否观看过关于突发事件的电视直播?比如地震、犯罪、恐怖袭击。你会注意到,电视主播总是在不断地重复那几条仅有的信息。

"您正在收看的是我们从佐治亚州亚特兰大市现场发回的报道。我们正在等待总统发言。一旦获得进一步的消息,我们就会在这里告诉你……我们周围非常混乱。总统很快将在这里召开新闻发布会。观众朋友们,您正在收看的是我们在亚特兰大市的现场报道,总统乘坐的空军一号很快会降落在这里。他们随时都可能到来。这是一个重大的时刻。我们很难预知接下来会发生什么。观众朋友们,您正在收看的是我们在亚特兰大市的现场直播……"

主播一遍又一遍地重复着,努力吸引观众的注意力……

第四章
精练的语言使人专注

这样的内容听了几分钟之后,失去耐心的观众开始换台。人们越来越不愿意让别人浪费自己的时间——特别是听那种在网站或社交媒体上扫一眼就能知晓的内容。

<u>简洁使人专注。专注确保传达。</u>

运用下面的五种做法让你的发言发挥最大的影响力。

- <u>在即兴发言中避免喋喋不休</u>。如果你得到了某个奖项的提名,那就要提前考虑如果得奖要说些什么。一般人会觉得自己说不了几句,因为本来就是即兴的,没有稿子。可实际上,真实情况往往相反。如果事先没有准备,发言者的话听起来就会像是电视主播要努力吸引观众注意一样。如果发言者被要求"讲几句",却没有做好相应的准备,他们就经常会喋喋不休,直到他们弄清楚自己想说什么为止。不要这样做。先停下来,想清楚,然后说完落座。

- <u>以决策者的方式做报告</u>。也就是说,先从总结开始。先说结论,然后再告诉听众,你希望他们做什么,决定什么,同意什么,考虑什么,购买什么或学习什么。开门见山之后,你可能会震惊地发现,太多的细节都是不必要的。我们的管理顾问们已经向许多国家和地区的管理者传授了这一方式,而这些管理者还没有向我们表达过反对意见。先总结,再阐述的方式能够为充分理解细节提供全景视野。

- <u>在主题演讲前大力修改讲稿</u>。提纲挈领。排练。估算每个要点所需的时间,以便根据现场情况灵活调整。我建议你充分熟悉演讲内容,只根据一份写有关键词的大纲而不是完整讲稿来发表演讲。不过在有些时候，这样的完整讲稿仍然可以派上用场。（如果是这样的话，你最好花10分钟时间编辑讲稿，这么做能让你讲得更加透彻，也能让你想要传达的信息更加明确。）

·在参加会议前准备好你的发言。提前查看会议议程，准备发言的内容，以便你能精练地表达自己的观点。随身准备详细信息和数据，做到言之有物。

·主持会议时，删除低效部分。考虑你计划在未来2~4天内举行的销售会议、管理层会议等各种会议，你有多少时间用于公告、后勤和准备议程？如果你是主持人，那就裁减掉不必要的环节。

喜欢把电视节目录制下来回放的人知道，他们可以通过快进广告把观看时间缩短大约一半。你也可以把开会的时间分为高效部分和低效部分。后者如延迟开始和偏离主题等。删除这样的低效部分可以让一个小时的会议缩短为半小时。如果会议由你负责，那就负起领导责任。如果会议超时，参会人员就会归咎于作为主持人或领导者的你。（稍后会有专门内容介绍如何高效开会。）

莎士比亚说："简洁是智慧的灵魂。"在今天的职场，简洁已经成为经理人的必备工具。

28. 即兴讲话：紧要关头使用引导模式

> 当然，领导者说什么很重要。但是怎么说更重要，特别是在紧急关头。
>
> ——约翰·巴尔多尼（John Baldoni）
> 领导力图书作者和教练

如果你是一位领导者，你就会时不时地被要求"讲几句话"。这样的场合多种多样，比如在会议一开始讲话，在周年庆上发言，庆祝某个假期，表扬同事或下属的工作，在很多人面前回答上司抛过来的问题，发表获奖感言，或者致颁奖词。

在理想的情况下，有人会就这样的事情提前通知你，这样你就能够有所准备。你大可以放心，很多看似即兴的讲话其实根本不是那么回事。你所看到的只是准备的结果。也就是说，他们已经学会了一些"万能"句式，并且通过小修小补来应用在具体的场合中。很多人引用马克·吐温的话说："为了一次精彩的即兴演讲，我通常都要准备三个多星期。"

不过,即便你事前不知道要讲哪些内容,你也可以按照现成的结构来帮助自己在紧张的时刻从容思考。我建议你采用"引导(LEAD)模式"来应对即兴发言。

你可以把这种方法用在颁奖典礼、庆祝活动、表彰大会、开业活动和会议主持当中。在讲话中,你并不需要从头到尾都妙语连珠。这一方法特别适用于提出看法或回答问题。"引导模式"使用起来非常灵活,你既可以用它来发表15秒的即兴讲话,也可以用它来针对某个问题做出5分钟的回答。

无论是上面的哪一种情形,这一方法都能引导你思考,让你的讲话前后连贯。不要漫无边际地讲话,<u>绕过来绕过去,就是说不到点子上</u>。你要记住适合用在高压、高曝光度的重要场合的"引导模式",以此来展示你的应付裕如。

用于即兴讲话的"引导模式"

	定义	举例
引导 (Lead)	用一两句话概括你对现场、事件、奖项或成就的想法或感受。	·"很荣幸能来颁发这个奖项,因为我知道它的背后有多少挣扎。" ·"这是我人生第二次激动的时刻,上一次是牵着新婚妻子的手走过红毯的时候。" ·"今天是一个特别沉痛的日子,我们在这里悼念x惨案一周年。" ·"这样的委员会完全超出了我的想象。台上这些成员到底是真是假?他们的履历简直不可思议!"
展开 (Elaboration)	详细说明你的开场白,给出理由或解释。	"第一,这一奖项代表了辛勤的工作……第二,这一奖项代表了……第三,这一奖项的获得者必定……"
举例 (Anecdote)	讲一个故事来说明你的观点。	一个简短的小故事能在情绪上感染听众,同时进一步说明你的关键想法、原因或解释。
结语 (Digest)	把你的开场白用《读者文摘》(Reader's Digest)精华版式的语言再次讲出来。	"所以,请允许我最后说,我非常激动地向约翰颁发xx奖项来表彰他的出色工作。"

使用"引导模式"从容思考,即兴发言。

"引导模式"的一个示例

引导 (Lead)	感谢你们今天下午抽出时间来一起庆祝我们所赢得的价值 2.27 亿美元的克鲁斯顿合约,这是我们在医疗保健行业的第一份合同。
展开 (Elaboration)	这三位站在你们面前的人——胡安·卡斯蒂略、珍妮弗·戴尔和彼得·塔卡在经过了八个月的无比繁重的会议、提议和文书工作之后,赢得了胜利。他们的工作成果当中有一本三大卷的建议(超过 2000 页)。他们多次利用周末去斯德哥尔摩出差,然后赶回来开会。他们花费了无数个小时啃掉了大量的联邦法规和法律意见书,以确保他们充分注意了所有的细节,更不用说总是被我们自己的法律团队质问了!
举例 (Anecdote)	我给你们举一个例子,让你们看看他们下了多么大的功夫。你们都知道,现在出一趟差有多么麻烦。有一次他们着急去瑞典,胡安、珍妮弗和彼得的飞机在跑道上停了四个小时才起飞。然后,他们遇到了紧急着陆,我想是在洛杉矶加油。过这么久连美国都没出。当飞机降落在斯德哥尔摩的时候,气温远在 0℃ 以下,可他们发现自己的行李还没有到。所以,在周末的两天里,他们还得穿着原来的衣服去谈判。他们穿着牛仔裤,看起来确实很像大人物!回国途中,他们的行李仍然没有找到。然后,他们在我们的边界被拘留了,原因是他们在跨国旅行,可是却没有行李!像这样的倒霉事还有很多。
结语 (Digest)	所以,这个项目绝对非常难谈,除了专业技能以外,它还需要极大的耐心和决心。为了庆祝价值 2.27 亿美元的克鲁斯顿合约,让我们一起为胡安、珍妮弗和彼得鼓掌吧,这是我们公司的巨大胜利。

使用"引导模式"设计即兴发言,顶着压力从容思考,例如有人要求你"讲几句"的时候。

第五章

使用 TA-TD 模板

★ 如果你有话可讲，写起来就会更容易。
　　　　——肖洛姆·阿施（Sholem Asch）
　　　　　　　小说家，剧作家

★ 善于思考的人也善于写作。
　　　　——戴维·奥格尔维（David Ogilvy）
　　　　　　　企业家，被誉为"广告之父"

★ 清晰的商务写作不是梦。
　　　　——理查德·布兰森（Richard Branson）
　　　　　　　爵士，企业家

29. 写作：只强调必不可少的信息

> 如果你不能用简单的话解释清楚，你就没有彻底理解。
> ——阿尔伯特·爱因斯坦（Albert Einstein）
> 发明家，物理学家

写作可能会是一项非常艰巨的任务。不同于开会或走廊里的讨论，你不可能用小声嘟囔蒙混过关。写作需要研究、分析、创造和组织。写作逼迫你思考，除非你只打算写废话。然而大多数人一见到废话就能立即识别出来。此外，说过的话会从人们的记忆中逐渐淡忘，而一份记录却可能永远留存。

当你为作为管理者的读者撰写重要文件时，你要考虑下面这六条心法。

想象你正想从身边的一群风险投资人那里获得投资

让他人接受你建议的过程很少会像扣篮那么干脆。当某个想法让你热血沸腾的时候,你或许不大能看清其中所潜藏的可能招致失败的问题或危险因素。但是最终,你还是要呈现出足够丰富的细节。这样,你和其他人才能一起去实现它(比如某个项目、流程、产品或服务)。想象你的会议室里正聚集着一大群风险投资人。他们在做出投资决策前会问你哪些问题呢?你要针对这些问题精确地描绘出一幅清晰、完整的图景。

与你的虚拟"董事会"进行模拟练习

要想完成硕士或博士学位课程,学生就必须当面接受一大群教授的拷问。问题可能会涉及这些学生在过去 2~4 年的研究过程中读到的任何东西。大多数学生都反映说,这一过程非常折磨人。这些问题迫使他们考虑过去读到的所有东西,分析所有不同的想法,同时进行对比和总结,并以新的方式应用于当前的情形。

为了让你对新想法的思考更加深入,你可以模拟这种思考过程。邀请三位同事和你一起开电话会议,花 3 分钟给他们讲讲你的想法(尽可能讲清楚是什么、为什么、何时、用何种方式、涉及谁和需要多少预算等问题)。

然后让同事自由发言 10 分钟,提出他们的问题。在表示"同意""支持"或向他人"推荐"这个想法之前,他们还想了解哪些信息？不要真去回答这些问题，只要记下来就好。这种沙盘演练能帮助你发现你在最初的分析中所遗漏的方面：你是否忽视了某个重要的信息？通过你的描述，他们是否形成了某种总体的印象？他们有没有因为某些不重要的信息而偏离了重点？

完成这个模拟练习，然后在写作中解决他们的问题。诚然，分析性的思考并非一件容易的事。但是，一个虚拟的"董事会"或者其他什么会给你的压力可能还是要远远小于你当场提出一个尚欠思考的想法、项目或决策所面临的压力。

等待落笔的发令枪响

在你想清楚你需要提供哪些信息，回答哪些问题，回答哪些反对或质疑意见之后，你可能仍然没有做好下笔的准备。

在比赛中，运动员会因为抢跑而遭受惩罚。有时候，笔也会动得太早。我欣赏在做事情方面"一马当先"，不需要被截止日期赶着走的人。但是写作并不仅仅是把文字敲到屏幕上或写到纸上。实际上，写作最困难的部分在于思考。如果你的想法还不成熟，而你却太早动笔，那么你常常就会写出不少废话。

避免含混不清

无论是撰写电子邮件、提议还是报告,你都不应该给读者留下这样的感受:"我该怎么做?为什么你要告诉我这些事情?你想让我做什么?"你应该尽可能地把事情讲清楚。就算是社交媒体上的网帖也包含号召人做出行动的话语:"看看这个视频。""听听这个访谈。""读读这篇文章。""做做这个测试。""访问我的网站"。"参加我的在线讨论会"。你要确保你的文字能够回答读者"我该怎么做?"的问题。

简明扼要

有些人写东西喜欢无所不包,只要发送列表上有人可能需要,只要与主题沾边,他们就都会写到。这么做会遮蔽真正重要的信息,并且让大部分读者在看到这些"无关紧要"的内容时感到愤怒。

永远不要面面俱到。你只需为最重要的读者组织信息。对于次重要的读者(例如你的"抄送人"列表中的读者),你可以考虑做下面的四件事:

- 为次重要的部分加上标题,以便需要时跳过。

- 把次重要的部分包含在附件中。
- 把补充性的信息放在脚注或尾注中。
- 用提供来源或链接的方式提供其他信息。

再强调一遍，你不应该用知无不言的方式写作。你写的东西里只需提供你认为做决策或采取行动时所必不可少的信息。

关注他人，而非自己

下面这段内容来自一家客户机构的营销部门：

我们部门正在帮助我们的路线派送员准备我们的新产品推广活动，我们将在接下来的两周里把他们带到总部，给他们介绍我们明年的营销计划。在这种情况下，我们发现我们还没有关于你们部门产品的相关材料和价格。我们希望你们能在接下来的五天内提供这些东西，以便……

你有没有注意到，这段内容从头到尾都在说写自己的需要。我们部门，我们的新产品推广活动，我们的路线派送员，我们明年的营销计划，我们发现我们还没有，我们希望。坦白说，读者才不关心你需要什么。他们关心的是他们自己和他们自身的需要。

通过一番分析,把关注点放在读者而不是你自己感兴趣的内容上,以此来让你写的东西获得完全不同的效果。例如,你可以把上面这段话改为:

不要在新产品推广活动中落在后面。未来两周,路线派送员会来总部参加准备工作。把你们部门的产品的相关材料和价格在五天内发过来,确保你们部门的产品也能加入活动。我们的路线派送员将会听取明年的营销计划,其中也包括你们部门的产品!

你看出这一文稿的两个版本之间的重要差异了吗?

手里掌握了足够的信息后,注重效能的人倾向于迅速落笔。由于在职场当中,面谈和打电话的机会越来越少,你的文稿、电子邮件、帖子和报告就会更多地反映并永远记录你的想法。所以,你值得在写作方面深入思考。

30. 沟通：使用 TA-DA 模板

> 有些东西读来轻松，是因为写作时已费力斟酌。
> ——恩里克·哈迪尔·庞塞拉（Enrique Jardiel Poncela）
> 西班牙剧作家，小说家

如果一封电子邮件、一份报告或提议让人感到莫名其妙，那么问题往往出在结构上，而不是内容上。如果用数字时代的语言来描述这种做法，那就是：作者挑选图片，编辑，裁剪，然后才考虑往哪里贴。这是错误的做法。

这种颠倒了顺序的信息呈现方式不是逼着人回头重读，就是让人感到费解。然而，人们总是一边想，一边写。开始的时候，他们会写："过去遇到这么一个问题。"然后，他们会详细描述这一情形以及对问题的调查，最后得出："这是情况总结和解决方案。完毕。"

这一呈现方式的问题在于：人们只有先了解整体情况，然后才能理解你对问题和细节的讨论。请看下面这个例子。

第五章
使用 TA-TD 模板

唐：

你知道，在过去五个月里，我们一直在正式地评估呼叫中心，以期寻找替代做法来使公司能够达成一系列业务目标。其中一些目标是：

（我知道这一点！）

- 提升基础设施，打造"园林式"公司环境。
- 加快对内和对外的响应时间。
- 由于无法跟踪维护协议，停止免费支持服务。
- 减少长时间的等待。

（我已经知道这些目标了！）

公司通过一份报告发现，我们的通话放弃率非常之高，从24%到50%以上。这些客户或潜在客户没等有人应答就挂断了电话，这让我们的紧迫感大为增加。

（喔！问题很严重呀。你打算怎么办？）

我们认为网讯公司提供给我们的其实是业务影响、技术和金融投资。投资额约为200万美元，融资期限为三年。我想听听你的看法，还有，你是否希望我跟他们开个会来回答你的问题。

迪安

除去读者必须读完一整封信才能找到关键信息之外，这封电子邮件回答的问题还没有它引发的疑问多：什么"报告"揭示了通话放弃率？"业务影响"和"技术"是什么意思？

网讯公司的投资是否是 200 万美元当中的一部分？解决这些问题的大致时间是怎样的？

解决方案：使用 TA-DA 模板，用容易理解的方式构思你的日常文稿（电子邮件、信件、报告和提议），以便读者看一遍就能快速理解你的想法并付诸实施。不要让他们心存疑问，"现在我该做什么？""这件事为什么重要？""那么这又要花多少钱？"

用于写作的 TA–DA 模板

T	A —	D	A
概述	行动	细节	附件
	（跟进或推荐）	（为什么、何时、何地、用何种方式、涉及谁、需要多少预算）	

使用 TA-DA 模板，用容易理解的方式构思你的电子邮件、信件、报告和提议，使读者看一遍就能快速理解你的想法。

不要让读者在黑暗中摸索，直到读了一大半才找到关键信息。把这样的信息放在前面既能节约读者的时间，也能让读者读得更轻松。

当然，在内容特别敏感的情况下，例如公布"坏消息"，你完全可以使用不同的结构。先用中性或积极的语气开篇，然后针对你即将发布的"消息"的有关情形或原因做出解释,接着说出你的坏消息。(另有一些例外情况,请参阅《电子写作:21世纪的有效沟通工具》(*E-Writing: 21st-Century Tools for Effective Communication*)一书。但是对绝大多数的电子邮件、报告和提议来说,运用上面的模板就足以使你的表达做到清晰、简洁和有说服力了。

运用 TA-DA 模板将为你带来如潮的掌声!

下面是运用 TA-DA 模板修改后的电子邮件。

唐:

经过5个月的评估,我们认为网讯公司是帮助我们改善呼叫中心服务的最佳业务合作伙伴。目前,他们的研究和报告已经显示,24%~50% 的客户和潜在客户在呼叫中心有人应答之前就放弃了通话,这一点已经对我们的业务产生了重大的影响。此外,网讯公司的技术(包括软件、流程和员工的专业技能)对我们实现未来一年的关键业务目标很有帮助。

他们建议我们投资 200 万美元左右,融资期限为三年。

我打算与他们会面,进一步讨论他们的这一建议。如果你想参加,请告诉我你什么时间方便,我会做相应的安排。

下面是我们正在努力实现的几条业务目标,放在这里供你参考:

· 提升基础设施,打造"园林式"公司环境。

- 加快对内和对外的响应时间。
- 由于无法跟踪维护协议,停止免费支持服务。
- 减少长时间的等待。

附件里是他们公司的建议全文。

迪安

31. 社交：专注特定的沟通目标

> 这个词（社交媒体）很有欺骗性，它总要求你评论，却并不在意你说什么。
>
> ——戴维·利维森（David Levithan）
> 作家

每天早上，大多数人一睁眼的想法就是"我要发帖"。不是我要吃饭，我要祈祷，而是我要发帖。而他们的第二个想法是，发什么？今天我要发什么名言隽语？如果你想不起来，你就会希望你那些聪明的朋友已经写了一个吸引眼球的帖子，而你可以"分享"它。如果你的朋友们都比较懒，你就得去正式出版物的网站上搜寻有趣的东西，认真阅读，甄别良莠，然后分享。

当然，接下来你还有很多类似的事情要做：阅读或写博客，阅读收件箱里当天的电子杂志，追寻推特热点，转发他人的推特，浏览领英信息和群体讨论，用适当的方式回复点赞和评论，用谷歌＋分享配有你短评的来自《赫芬顿邮报》

《哈佛商业评论》或《福布斯》的精彩文章,然后检查脸书或照片分享工具Instagram的动态,看谁针对谁说了什么。再然后,你还可以使用社交网站Pinterest跟踪竞争对手的产品和服务,再到视频网站YouTube搜索你关注的和反映竞争对手活动的最新视频。

你真的有这么多时间吗?当然没有!发帖会影响工作效率。每天在社交媒体上花费一小时相当于每年花费9个星期!9个星期!足够修完好几门大学课程了。想一想,你在同样的时间里能学到什么、创造什么。但是与此同时,你很可能也会争辩,如果你真的在社交媒体上消失了几个星期,人们肯定会发电子邮件来问你是不是还活着,或者你的组织是不是还存在。

你真的有这么多钱吗?或许有,或许没有。所有的社交媒体网站一开始都是对用户免费的。但是现在,用户正在受到各种各样的诱惑。这些网站也都通过推荐或用户升级计划获利。除为推荐和订阅支付费用外,许多个人和企业也聘请了营销团队来代替自己"发声"。

你真的有与众不同的信息来发布吗?或许有,或许没有。社交媒体已经成为一种环境噪声。个人和小企业过去经常说,互联网和社交媒体让竞争更加公平——他们可以偶尔在自己的个人页面或博客上提到他们的产品或服务,没有人会介意。但是现在,所有人都在借助社交媒体营销。每一天,你的关注者都有机会得到免费网络研讨会、免费电话研讨会、免费

第五章

使用 TA-TD 模板

培训、免费会议、免费播客、免费报告、免费白皮书和免费电子书。

人们恳请你拿走他们的赠品。在社交媒体的喧嚣中进行创造性的思考就好比是在高速公路上写论文。你或许能得到新想法的激发，但是却很难找到实施的空间。

不要误会了我的意思，我喜欢社交，在社交媒体上也相对活跃。只是社交媒体正在变得越来越嘈杂，从而淹没了真正的沟通，并且降低了工作效率。

你确定那些人真的在那里吗？或许在，或许不在。在你的推特上真有 37.9 万人能在你建议他们采取行动的时候做出回应吗？在你的领英上真的有 9273 名联系人能接你的电话吗？在你脸书里的 23267 名"朋友"当中，有多少人能在看到你的名字后意识到那是你？

如何有策略地使用社交媒体，使其为你所用，而不是贻害于你？当然，你可以利用社交媒体来实现伟大的目标。互联网数字分析师布莱恩·索利斯（Brian Solis）这样评价它对世界的影响："社交媒体给我们启示，我们作为人民可以发出声音，我们可以通过内容和想法的民主化再次团结在共同的梦想之下，展开行动，促成转变。"

我的假设是：你会继续使用社交媒体，包括个人用途和工作用途。我的建议是：策略性地使用社交媒体，以此来达成特定的沟通目标，而不是到处都撒一点胡椒面儿。

选择正确的渠道

社交媒体专家建议你选择一个或至多两个社交媒体平台。你的理想客户和同事聚集在哪里，你也去哪里。研究针对目标平台的分析，比如用户性别、用户年龄、所属行业、话题类别、地理位置和购买习惯，等等。

学习使用你所选择的平台，以免由于不会用而降低效率。无论选择哪一个平台，你都要学着有效地利用它。你可以多在平台上逛逛，向身边的年轻人求教，参加在线课程，搜索相关视频，也可以向年轻下属请教。（"向年轻下属请教"的做法往往能够形成互利共赢的双向指导关系。）

限制你的使用时间

使用社交媒体也会成瘾。如果你不信，你就可以注意一下，在事先没有活动安排的阴雨绵绵的周末午后，你会在你最喜欢的社交媒体平台上花费多少分钟（或多少小时）。不知不觉中，你所设想的15分钟就已经变成了5个小时。

想清楚，你能花多少时间来维护社交媒体，写博客，发布产品或服务，制作产品报价，阅读行业新闻，回答聊天小组中的问题，鼓励客户转介绍，发布案例研究，介绍新产品

第五章

使用 TA-TD 模板

155

或新服务，举办竞赛或促销活动，发布日常状况更新，提出发人深省的问题，在行业论坛上分享你的专家意见，等等。选择那些对工作有意义的事情。

然后设置闹钟。时间一到，今天就到此为止了。

提供一致的信息

与产品或服务的品牌推广一样，发帖时要注意紧扣主题。是的，社交媒体专家也建议你展现自己的个性，偶尔也发一些个人化的内容，比例大约为 10 ∶ 1（工作内容：个人内容）。

但是，对工作信息来说，你要保持主题一致。如果你的公司提供的是法律服务，那你就不应该发布食谱或家装方面的帖子，否则只会应者寥寥。而且，脱离主题的帖子可能会让你的关注者觉得很奇怪。（是的，这样的帖子也许能获得许多"赞"，但是这么做并不一定有助于让关注者转化成为客户。）

你的博客、推文、脸书帖子、YouTube 视频或 Pinterest 消息不应该让人对你的整体品牌和你想要传达的信息感到迷惑，特别是在你的帖子代表你的组织的时候。如果你的访问者搞不清你的价值观、你想传达的信息或你的使命，他们很可能就不再会关注你了。

与人接触——不要让数字遮蔽了双眼

记住，与真实的人进行真实的对话比拥有一大群粉丝更重要。只发布有价值的内容。如果有人为你的网帖写了评论，那就聪明地做出回应。问问题，听对方会怎么说。尽量像在聚会上对待同事那样与网友沟通。

然后，在你需要帮助的时候，他们就会用行动来回报你。谁不会在某个时候需要朋友的帮助呢？帮助转发和推荐。帮助评论，解答，提供资源、线索，帮助销售。

将流量导向你自己的网站

把社交媒体看作租用的办公空间。只要你自掏腰包，房东就允许你在房子里搭建永久性的货架。但是，一旦房东决定出售房产，并且通知你搬家，你的新货架就将留在原来的房子里了。你会发现，你的18000美元的改造投资打了水漂。

除非你的大部分流量能够流向你自己的博客，否则你就处在类似的情境当中。在社交媒体上吸引粉丝要注意一点：平台的规则可能说变就变。因为你的地盘是租来的，所以要谨慎行事。

解决方案：把为自己的网站导流视作维护社交媒体的最

终目的。对你自己的网站来说，你是房主，不是租客。作为所有者，你有权控制沟通和流量。

通过事先规划，你可以策略性地运用社交媒体来实现你的目标。不过，你要确定地知道你的目标是什么！没有战略上的安排，你在社交媒体上的沟通只会事倍功半。

第六章
计算你的沟通成本

★ 随着人们越来越少地打电话和面谈,商务沟通的质量近年来每况愈下。我只能猜测,这么做是为了追求效率。而这种追求受到了误导。

——理查德·布兰森(Richard Branson)

爵士,企业家

★ 表达想法的能力与想法本身一样重要。

——伯纳德·巴鲁克(Bernard Baruch)

金融家,投资人,慈善家

★ 会议……就像鸡尾酒会。你不想去,但是不邀你去你又生气。

——吉利·库珀(Jilly Cooper)

记者,作家

32. 准备：搜集能激励对方的信息

> 讲话前先搜集信息，特别是那些能够激励对方的信息。
> ——丹尼斯·威特利（Denis Waitley）
> 励志演说家，作家

在为一位客户设计关于如何撰写建议书的培训课程时，我提到了读懂客户的征求建议书的重要性，特别是在客户的要求含糊不清的时候。随后我介绍了几个现成的例子来提供佐证。

对面的营销总监惊奇地看着我说："是的，有一个客户的征求建议书问题太多了，我们要照着它做麻烦就大了。好在我们提前碰见了他们内部的一个人，他帮着做了修改，最后才正式发给我们。"

在我管理咨询生涯的早期，这一点给了我很大的启发。同时，它也是销售人员的一个重要策略。从那以后，通过观察和学习其他领导者的做法，我把这一策略运用到了更为广阔的领域：

·收集个人对团队未来事务的看法（愿望、恐惧、潜在阻力、期望得到什么任务）。团队成员可能不愿意在一个群体中提及这些事情,但他们会乐意与你私下分享。

- 在正式投票前做"关注度检查"(了解个人对某个项目或规定的关注程度)。
- 为接下来的会议上提出的建议寻求支持。
- 在将某个想法提交至更重要的会议之前了解"可能会遇到的问题"。
- 寻求"支持者"来帮助解决会议的群体动力学中持续存在的问题。
- 当领导者预期会议进展可能会不顺利时,提前验证各类信息和会议程序。
- 在公开讨论有争议的问题之前,与同事和下属讨论个人内心的想法。
- 为在接下来的重要会议中如何决策制定方案。
- 与具有否决权或预算批准权的重要利益相关方讨论他们的评判标准,以便在接下来的重要会议中做决策时考虑。
- 在调解冲突,解决双方问题之前,与各方确认主要目标和底线。

在摇滚巨星登场之前,安排暖场演出可以使观众更好地进入状态。同样地,你或许也需要在重要会议之前做好热身运动。

33. 解决方案：用问题式议程讨论重点

> 不是他们看不见解决方案。而是他们根本看不见问题。
> ——吉尔伯特·基思·切斯特顿（G. K. Chesterton）
> 20世纪英国作家、哲学家和神学家

开会需要议程，而不仅仅是会议组织者脑中的一连串话题。如果你经常制订议程，那很好。接下来，我们要做的是让议程发挥作用。

常见的商务会议议程听起来像是炎热天气里的一瓶温水。虽然列出的话题可能非常常见，但却很少能发挥作用，引人注意，或激发热情。例如，周例会的常见议程可能是下面这样：

- 每周状态更新
- 总部消息
- 产品信息更新
- 成本削减
- 请假和缺勤
- 人员配备

第六章

计算你的沟通成本

- 7 月 14 日的区域访问

对客户会议来说,常见的议程也往往一样平淡无奇:

- 介绍团队
- 能力描述
- 项目目标
- 讨论研究或访谈
- 预算或定价
- 提问

为什么话题式的议程不能奏效呢?因为它们太宽泛,不仅提供的信息少,而且难于控制。

要想富有成效地开会,讨论就必须集中关注手头的问题。

解决方案:变"议题"为问题。改变之后,上面的周例会议程就会焕然一新。

看着这份重点突出的议程,所有的参会者立即就能明白讨论的确切要点在哪里,比如需要哪些资料,需要解决什么问题,或者需要做出什么决定。当所有人都知道靶心在哪里的时候,击中目标就变得容易多了。

作为会议负责人,你可以通过提问推动讨论。讲究策略的议程之于会议,如同地基之于摩天大楼。借助有效的议程,你可以引发重要的分析和讨论，进而导向可靠的决策和坚实的行动。

问题式议程示例

话题	问题
每周状态更新	·你这一周在前两大客户上取得了哪些进展？ ·对于已经上报的截止日期，有无意外的延迟事项？
总部消息	·你有没有从供应商、竞争对手、客户或潜在客户那里听到并购的风声？
产品信息更新	·关于我们推迟发布 450 型号产品一事，给客户的最好/最简单的解释是什么？
成本削减	·你在哪个环节可以削减 5% 的成本？ ·我们怎么做才能最大限度地让我们部门的所有员工贡献降低成本的想法？
人员配备	·你能在本周末之前按类别提供准确的人员配备情况吗？（如果不能，报告就得延迟。）
请假和缺勤	·我们夏天的几个月会有人员短缺的状况吗？ ·我们应该重新考虑明年歇业一周的做法吗？
7月14日的区域访问	·你的下属是否已经做好了对工厂进行实物审计的准备？如果没有，你需要立即采取什么行动？

设置问题式议程来集中讨论重点问题。

34. 会议：成败靠设计，不靠运气

会开得好不靠运气，靠设计。

——佚名

对赛车来说，决定胜负的是"引擎盖"下面的东西。对开会来说，扮演同样角色的是领导者。不要被"会议细节"这几个字误导，比如，在这句话里，"有人会把会议细节回复给你"。

为什么会有这么多效率低下的会议？有一个关键的原因是，会议的领导者不了解这些"细节"背后的战略。于是，他们把对"细节"的决定权拱手交给了行政人员。这真是大错特错！

当然，行政人员可以协调会议，落实"细节"。但是，作为会议的领导者，你仍然需要做出通常能影响会议走向的战略决策。如果你的会议除了生产挫败感之外一事无成，参会者就会责怪作为领导者的你，而不是行政人员。

想想那些让你倒胃口的会上，有什么事情特别浪费时间。避免让这些事情发生在你的会议上：

·突袭式开会，参会者都没有准备。

·临到开会时会议突然取消（打乱日程安排）。

·应该取消的会议却没有取消，因为关键人员没有参加（必须择日再次召集）。

·迟到（说过的话得再说一遍）。

·早退（关键人员提早离去，决策推迟）。

·参会者知道要开会，却没有携带相应的材料。

·会议人数太多，无法进行有意义的讨论。

·会议人数太少，提不出新鲜的观点或独特的视角。

·无关人员参会（需要介绍事情的来龙去脉，并不断解释，使讨论复杂化）。

·主持人不力（讨论经常偏离主题）。

·有的参会者过于强势（抑制了自由的表达和真实的讨论）。

·会议持续时间过长或过短（对特定的会议目的来说）。

·场地与会议规模不协调（部分参会者看不见或者听不见，或者由其他原因引发不适，致使沟通困难）。

·场地类型不合适（在正式场地，有人不敢发言；在非正式场地，有人担心强烈的反对意见得不到应有的重视。）

会议之前的战略思考往往决定了涉及有争议或敏感议题的会议的成败。在为会议做计划的时候，请回答下面这几个关键的问题。

你应该主持会议吗

主持人应该了解如何在会议的后勤事项（场地、时间、持续时长、议程、视听支持、确认是否参会）、程序结构、群体动力学和问题参会者方面做出关键的决策。

你知道如何防止上述浪费时间的事情发生吗？如果你不知道，你就必须找一个知道的人来主持会议。而且，<u>即使你是一位优秀的主持人，找其他人来主持会议也有很多好处：（1）允许你作为团队成员而不是中立的协调者参加会议；（2）应对问题参会者；（3）为有争议的议题提供外部视角；（4）避免出现"控制加命令"式的讨论和决策。</u>

通过许诺帮助对方主持会议来在组织内部寻找主持人，或者在组织里寻找喜欢这一任务，同时也希望被会上的高层管理者赏识的有经验的主持人。虽然从组织外部寻找主持人通常都要支付报酬，但是这些专业人士必定能够通过主持一场高效率的会议来为你创造更多的价值——特别是在你觉得议题有争议、存在问题参会者或面临充满重要议题的漫长议程时。

谁应该参会？谁不应该参会

问你自己，必须由谁来宣布最终的决定？谁拥有否决权？谁会发表关键的意见？谁可能是组织里真正支持你的人？你必须获得谁的支持才能让项目取得进展？谁最喜欢唱反调，如果不让他们发表意见，你的决策就别想顺利实施，工作就别想顺利开展？

谁不应该参加会议？谁的出现只会让讨论和议程更复杂？谁可能会让会议偏题，把讨论引向与项目或决策无关的方向？如果你邀请的某个人或某些人不能出席，你同意他们派代表来参会吗？你会鼓励他们派代表来参会吗？在开会之前认真考虑这些问题，不要等人们全部落座之后再后悔。另外，你还可以在邀请中说明你希望什么样的人来参会。

有没有确认是否参会的一套可靠做法

如果你列出参会人员并仔细检查之后，你很快就会发现谁是理想的参会人员，谁不是。无须别人来为你指出。再看看上述浪费时间的事情。你有多少次到达会场，却发现某个关键的决策者在最后一刻决定不参加会议，从而让整场会议失去意义？或者，在你发起会议的时候，你是否曾邀请了某些人，却一直没有收到对方确认参会的消息，而在会议开始的时候，他们却突然出现在了会议室门口，或者把电话拨进了电话会议的现场？

一套可靠的确认是否参会的做法有助于防范这种令人不快的意外之事。我们也可以建设一种文化来达到同样的目的。在这样的文化里，所有人都知晓并同意，提前答复是否参会不仅是尊重他人的体现，同时也可以避免浪费彼此的时间。

设置一套做法和一个截止时间，确保所有团队成员都同意在这一期限到来之前确认参会或不参会。所有人达成共识，只要有人在最后期限到来的时刻仍然没有给出答复，整场会议就将因为他们而取消。这样取消过几次之后，来自周围人的压力就会迫使反应慢或不认真的人员为了所有人的时间和日程表而做出承诺。（当然，作为会议的发起人和领导者，你可以随时查看名单，看谁已经确认参会或不参会，以此来决定是否取消会议。）

你作为沟通者的声誉取决于会议的结果，你必须确定采取什么样的会议策略，它关乎成败。

35. 共识：通过面谈产生价值

> 没有面谈，则无法达成一致。
>
> ——沃伦·巴菲特（Warren Buffett）
> 企业家，投资人和慈善家

如果你是参会者，不是主持人，你的价值就体现在你对会议结果的贡献里，而不仅仅是出席会议本身。尽管这一点似乎显而易见，可事实并不是这样。在我参加过的很多次会议里，有些参会者不是玩手机，就是忙别的事情，或者多次离开房间接听电话。

这种行为是错误的。<u>如果你的身体已经出席，那么就让你的精神一并出席</u>。如果会议的领导者主持不力，你就要理解会议程序，紧跟各个步骤，这样你才能补上缺口，在使会议富有成效的同时展现出你的领导技能。当然，你也不要做过了头，导致喧宾夺主。不过，作为参会者，你确实可以通过熟悉议程而在引导讨论方面扮演重要的角色。你可以出主意，想办法，分析可能的解决方案，推动形成一致意见，归纳总结，引出新议题，等等。

你在会议中充当的角色以及随后做出的贡献能够增加会议产出结果的可能性。如果不成，你也无须担责，因为你不是会议的领导者。

控制漫无目的的讨论

就像著名发明家、通用汽车公司研发主管查尔斯·凯特林（Charles Kettering）曾经说过的那样："把问题讲清楚了就等于解决了一半。"作为能够积极推动会议议程的人，你要控制不合时宜的讨论，把话题引回到中心议题上。如果中心议题不明确，你就要想办法让它明确起来。用精练的语言表述它，使它成为讨论的焦点。

分析讨论应走向何方

你有很多种选择来引导讨论的方向——从现状到目标，从问题到解决方案，从需求到标准到选择再到决策，从各种选择的优缺点分析到决策，以及从机会到创造关于关键性步骤的新想法。如果会议领导者的思路存在局限，你就可以提出新的讨论方式来供所有参会者遵循。经验非常欠缺的主持人会乐于让你帮助引导讨论,而不是放任讨论自由散漫地进行下去。

在什么情况下先发表意见

如果你打算按照自己的想法继续进行下去,但同时又想征求意见或进行确认,这时就不能像下面这样说话,让自己成为众矢之的。例如,"我计划下个季度做 X。有人有问题吗?"或者,"我打算调整对 X 的政策,把 Y 也加进去。所有人都同意吗?"这么说话会让一些人感到不舒服。他们需要鼓起勇气才能在众人面前提出反对意见或给出负面反馈——特别是在你的话听上去像是事情已经板上钉钉的时候。

要想获得直言不讳的反馈意见,你就要调整措辞。例如,"我计划下个季度做 X。你们觉得我需要应对哪些困难?"或者,"我打算调整对 X 的政策,把 Y 也加进去。我知道你们都不会同意。你们觉得我会遭遇哪些阻力?"后面这句话显得你特别开通。它给人的感觉是,你正在等待他人发表意见,以便做出最后的决定。

同时,你也要明白,前面的那种说话方式会让别人觉得你已经对某种做法有了明确的意向,并且你几乎没有把决策权让渡给其他人。如果这正是你的意图,那么你一开始就要让他们知道这一点,而不是误导他们发表意见。

在什么情况下后发表意见

如果你的团队里有比较胆怯,不敢对有争议的问题发表自己看法的成员,那么你最好最后一个发表意见。首先针对你的话题抛出一个开放性的问题,然后提出一系列后续的问题。另外,你要在他人回答完你的问题或提出意见之后保持片刻的沉默,人们倾向于在这一片刻里补充更多的信息。(我发现这一招在面试求职者的时候特别有价值。一条一开始只有20秒的简短回答可以拓展成为长达5分钟的详细表露。)

当你想对某个话题发表自己看法的时候,你可以先等别人说完之后再说。

创建安全的环境

在理想的情况下,所有的参会者都能做出良好的表现。他们准时到达,收起手机和电脑,开始热烈讨论。他们迫不及待地发表自己的看法,同时听取同事的意见,理清讨论的逻辑顺序,友善解决冲突。他们完全尊重团队决策,并且按照分工负责任地展开后续的行动。

但是,会议也可能呈现出另一种景象。强势参会者和弱势参会者彼此激惹,使局面更加复杂。那么,为什么不听任弱势参会者成为木头人，同时让强势参会者接管会议呢？我想有这么几个原因：

- 强势参会者会抢先回答每个问题，使其他人没有足够的时间回应质疑、分析问题、独立思考。
- 强势参会者经常漫无边际地发言，自说自话，使其他团队成员感到厌倦，难以忍受。
- 强势参会者垄断意见，阻止其他想法和解决方案浮出水面。
- 一两个强势参会者的偏见可能无法代表整个团队的意见，结果，会议形成的决策和行动可能无法准确反映团队的想法，以及你的想法。
- 弱势参会者过后经常抱怨自己没有机会发表看法。
- 弱势参会者常常无法投入对重要举措的讨论并提供自己的支持。
- 弱势参会者无法贡献出自身的专长。

那么，你作为参会者的作用是什么？这一作用大致相当于你在论坛或行业会议上担任小组成员时发挥的作用。你的目标跟会议主持人的目标一样，都是创造一个人人有机会贡献自己想法的环境。这通常意味着要对强势参会者施加一些控制。你可以：

第六章

计算你的沟通成本

<u>接受来自强势参会者的评论,但不鼓励他继续说下去。</u>给予语言上的积极评价通常会鼓励对方继续说下去。(例如,"这个想法不错。还有呢?""我喜欢这个想法。""这么做可能会有作用。")不给予这样的积极评价可以打击强势参会者继续说下去的积极性。

<u>只用身体语言表达认可。</u>比如目光接触、微笑、点头,然后将目光转向他人。

<u>直接找他人发表意见。</u>例如,"杰米,你怎么看待X这件事?"

<u>使用口头语言进行干预。</u>例如,"我们来听听别人怎么看这个问题。""法律部门,谁来就这个提议发表一下看法?"或者,"我想听你们说说对这个问题的看法,每个人都说几句。"

<u>使用身体语言或声音进行干预。</u>只要打断目光接触,把注意力转移到房间里的其他人身上。如果是电话会议,那就提一个问题,打断强势参会者的思路。比如,"朱莉,抱歉在这里打断你一下。我想就你刚才所说的问一个问题。"然后问一个几句话就能说清楚的问题。这种分散注意力的做法通常都能终止强势参会者的长篇大论,让你有机会在对方做出简短回答之后接过话头。

<u>直呼强势参会者的名字。</u>比如,"泰勒,在我们谈论下一个话题之前,我想先让大家继续讨论一下怎么……"直呼强势参会者的名字能够温和地把对方置于焦点之下,促使他

停止讲话，迅速使讨论回归中心议题，同时又不会让任何人感到尴尬。

总结一下。作为参会者，你并非只能通过中途离会，在智能手机上玩文字游戏，或者回复电子邮件来应付意义不大的会议。你还可以通过关注议程和对缺乏经验的主持人施以援手来贡献自己的价值。打破常规思维，为所有参会者创造公平的环境来积极贡献自身的价值。在重要时刻，真正的领导者会主动采取行动。

36. 投资回报率：计算你的沟通成本

> 我尽力只参加具有战略重要性的会议，躲避其他各种看似紧急的会议。
>
> ——史蒂芬·科维（Stephen Covey）
> 教育家，作家和顾问

作为会议的领导者，你一定想了解会议的投资回报率。如果你打算组织一场会议，你就要确保自己了解会议的成本和预期的成果。

以下是常规会议的成本估算方式：

估计每位参会者的年薪，通过计算得出所有参会者的平均年薪。

按照一年工作 2087 小时计算平均时薪（根据美国联邦人事管理办公室规定的每周工作 40 小时的标准）。

将平均时薪乘以参会人数。

再乘以会议通常持续的小时数。（如果你的会议通常持续 1 小时，这里就乘以 1。如果是 90 分钟，乘以 1.5。如果是 2 小时，乘以 2。以此类推。）

例如：

$ 90000　= 参会者的平均基本年薪

$ 126000 = 参会者的平均真实总成本

（在基本年薪的基础上乘以 1.4，因为要考虑雇佣税和福利金）

$ 60.37　= 参会者的平均时薪

×8　　　= 8 名参会者

_____

$ 482.96 = 团队每小时的会议成本

×2　　　= 两小时的会议

_____

$ 965.92 = 两小时会议成本

（不计算场地费和餐费）

注意：根据实际情况调整参会者的平均工资，以此来贴合你的实际情况。

掌握了这两条数据（会议成本和预期成果），你就能够知道，会议是否是沟通某一事项的最佳途径。当然，会议的成果可能并不是那么显而易见，但是你一般都能对这种无形的价值做出很好的估计。在另外一些情况下，会议或许能够

第六章
计算你的沟通成本

得出非常容易计算价值的关于压缩成本的想法或价值可以精确到个位数的新的服务概念。

我们的目的是：搞清会议的成本并传达给你的团队，以便评估关键会议的投资回报率。如果你认为价值高于成本，那就安排会议吧。

考虑最佳做法

虽然我从来都不会设置固定的例会时间，但是团队成员确实需要一年至少碰一次头，以此来分辨不再有效或者效果不尽如人意的沟通态度、习惯、规定和做法。这些事项最好能通过实时的会议来解决。因为众人集思广益可以打开思路，深入问题实质。使用其他方式会让操作困难很多。

例如，某些程序或规定可能已经名存实亡。一些表单、模板和网站常见问题解答可能包含过期的信息，只会制造混乱和问题。在答复客户、供应商和同事的过程中，这些问题势必会占用你的时间。

你的社交媒体管道、内部网、网站、电子杂志、博客、播客和其他销售和营销窗口可能已经无法满足你目前的需求。还有，你们的全员会议开得怎么样？全体大会呢？客户会议呢？供应商会议呢？评估你和团队成员在内部互动和外部互动中的所有方式。

此外，你也要把目光投向组织以外。客户是否希望改变你们目前的沟通方式？竞争对手是否正在改变他们与客户的沟通方式或加快沟通速度？有没有新的竞争对手进入市场？由于这些变化，你的客户对你们未来一年的沟通方式抱有什么样的期待？

陈旧、保守的沟通方式无处不在。

让沟通改善现状

除了需要更新、简化和完全停止的做法之外，你还要寻找新的机会来改进。

你在让组织获得长期提升方面有什么样的想法？当所有人都埋头于当前工作或项目的时候，没有人有空考虑这种提升。但是在战略性的讨论当中，它是最主要的关注点——长期的收益、更强的能力、更高的效率、更大的市场份额、更高的利润率、更好的产品和更优质的服务。

你在沟通上的做法有助于实现你的整体目标吗？如果是的话，那就是战略性的沟通。<u>如果你的沟通制造了阻碍，而不是改善了现状，那就是有问题的、非战略性的沟通。</u>

......................下一步

你还想更深入地了解这个问题吗？请到 www.CommunicateLikeALeaderBook.com 下载 PDF 格式的关于本书原则的讨论指南等资源。

如果你想通过电子邮件定期接收黛安娜的博客内容，请前往 www.BooherResearch.com/blog 注册。这份电子杂志将持续提供有关领导沟通、执行管理、销售沟通、客户服务沟通、社交技能、工作效率和写作方面的实用技巧。

致　谢

对任何一本书而言，写作都很难由一个人独立完成。我的主题演讲、咨询工作、辅导和作品，背后有心理学家和社会科学研究者们长达数十年的悉心研究，有多年的项目经验，有赞助组织给予的合作，也有客户公司高级管理人员的无私分享。

具体来说，我要感谢贝雷特-凯勒（Berrett-Koehler）出版社的史蒂夫·皮耶尔桑蒂（Steve Piersanti）和尼尔·马耶（Neal Maillet）对这本书提出的建议。从编辑到设计，从营销到宣传，与贝雷特-凯勒出版社的整个团队一起合作非常愉快。感谢吉万·西瓦苏布拉马尼亚姆（Jeevan Sivasubramaniam）、乔安娜·冯德林（Johanna Vondeling）、戴维·马歇尔（David Marshall）、玛丽亚·阿吉洛（Maria Jesus Aguilo）、凯瑟琳·朗格龙（Catherine Lengronne）、夏洛特·阿什洛克（Charlotte Ashlock）、迈克尔·克劳利（Michael Crowley）、克里斯滕·弗朗茨（Kristen Frantz）、马特·法加利（Matt Fagaly）、佐薇·麦基（Zoe Mackey）、沙南·班纳吉-麦克法兰

（Shabnam Banerjee-McFarland）、拉塞尔·惠普尔（Lasell Whipple）、克里斯蒂娜·威尔逊（Christine Wilson），等等。如此出色的专业团队是所有写作者的上佳选择！

感谢琳达·诺顿（Linda Norton）、洛里·安·罗思（Lori Ann Roth）、西蒙·布拉特内（Simon Blattner）和沃利·博克（Wally Bock）对手稿的评论和反馈。

感谢洛丽·埃姆斯（Lori Ames）和她的团队将这本书送到管理领域最有影响力的人士手中。

最后，感谢同事、朋友和家人给出专业意见，以及为这本书的书名出谋划策，使这本书能够引发目标读者共鸣的朋友们，我一如既往地感谢所有支持我的人！

关于作者

黛安娜·布赫（Dianna Booher）毕生都在关注各种形式的沟通：口头沟通、书面沟通、人际沟通和企业内沟通。她的47本书被翻译成了60多种语言。她游历世界各地，与六大洲的客户和企业交流他们在工作和生活中面临的沟通难题。尽管存在文化差异，有两件事仍然不会改变。首先，沟通是最基本的商业行为。其次，沟通能够加强人际和工作关系。

提升沟通技能，改善沟通习惯，转变沟通态度能让生活发生巨大的改变，对个人、家庭、组织和国家来说都是如此。这是黛安娜的个人目标，也是她心中令人振奋的、有益的事业。

她的公司布赫研究所（Booher Research Institute）位于达拉斯-沃思堡地区机场。公司为多家组织提供服务，帮助后者实现清晰的沟通。公司也为领导者提供服务，通过提升领导者风范扩大影响力。她还成立了沟通培训公司布赫咨询（Booher Consultants），以此来为企业客户提供写作、演讲技巧和人际关系技能方面的培训。她已经为许多财富

500强企业和政府机构提供了沟通培训和指导，它们有：国际商用机器公司、洛克希德·马丁公司、雷神公司、埃克森美孚公司、英国石油公司、雪佛龙公司、康菲石油公司、爱立信公司、西门子公司、阿尔卡特-朗讯公司、布林克国际公司、摩根大通公司、美林银行、贺曼公司、万豪国际集团、西北互助人寿保险公司、信安金融公司、百事公司、诺华公司、拜耳公司、美国陆军部、美国海军水面作战中心和美国航空航天局。

《成功会议》（Successful Meetings）杂志授予黛安娜"21世纪顶尖演讲人"称号。美国演讲家协会（National Speakers Association）授予她最高荣誉——进入演讲家名人堂。她也被列为"全球30大沟通大师"之一。

国家级媒体经常采访黛安娜，邀请她就重要沟通事项发表看法。这些媒体有：《美国早安》（Good Morning America）、《今日美国》（USA Today）、《福布斯》（Forbes）、《华尔街日报》（Wall Street Journal）、《快公司》（Fast Company）、《成功》（Success）、《创业者》（Entrepreneur）、《投资者每日商报》（Investor's Business Daily）、福克斯（Fox）、美国有线电视新闻网（CNN）、CNBC、彭博社（Bloomberg）、美国国家公共广播电台（NPR）、《纽约时报》（The New York Times）和《华盛顿邮报》（The Washington Post）。

黛安娜还经常在《赫芬顿邮报》（Huffington Post）

《CEO杂志》（*CEO Magazine*）和FaithHappenings.com发表博客文章。

黛安娜拥有休斯敦大学英语文学硕士学位。

如果想进一步了解黛安娜的工作和演讲活动信息，请访问www.BooherResearch.com。

的事，重来一次就好。如果各位读者能从长远的角度获得这种充实感，我就非常荣幸了。

  最后，我想深深感谢这本书的编辑，大和书房编辑部的藤泽阳子和渡边稔大二位。

和田秀树